U0532283

掌控谈话

NEVER SPLIT THE DIFFERENCE

NEGOTIATING AS IF YOUR LIFE DEPENDED ON IT

[美] 克里斯·沃斯　[美] 塔尔·拉兹　著
赵坤 译

民主与建设出版社
·北京·

© 民主与建设出版社，2023

图书在版编目（CIP）数据

掌控谈话 /（美）克里斯·沃斯，（美）塔尔·拉兹著；赵坤译. -- 北京：民主与建设出版社，2023.5（2024.11重印）

书名原文：NEVER SPLIT THE DIFFERENCE

ISBN 978-7-5139-4253-9

Ⅰ.①掌… Ⅱ.①克… ②塔… ③赵… Ⅲ.①心理交往—通俗读物 Ⅳ.①C912.1-49

中国国家版本馆CIP数据核字（2023）第113233号

NEVER SPLIT THE DIFFERENCE: NEGOTIATING AS IF YOUR LIFE DEPENDED ON IT by Christopher Voss & Tahl Raz
Copyright © 2016 by Chris Voss & Tahl Raz
Published in arrangement with Abrams Artists Agency and The Grayhawk Agency.
Simplified Chinese translation copyright © 2023 by Beijing Xiron Culture Group Co., Ltd.
ALL RIGHTS RESERVED

著作权合同登记号：01-2023-4989

掌控谈话
ZHANGKONG TANHUA

著　　者	［美］克里斯·沃斯　　［美］塔尔·拉兹
译　　者	赵　坤
责任编辑	廖晓莹
封面设计	沐希设计
出版发行	民主与建设出版社有限责任公司
电　　话	（010）59417749　59419778
社　　址	北京市朝阳区宏泰东街远洋万和南区伍号公馆4层
邮　　编	100102
印　　刷	三河市中晟雅豪印务有限公司
版　　次	2023年5月第1版
印　　次	2024年11月第3次印刷
开　　本	700mm×980mm　1/16
印　　张	16.25
字　　数	230千字
书　　号	ISBN 978-7-5139-4253-9
定　　价	78.00元

注：如有印、装质量问题，请与出版社联系。

目录 CONTENTS

第一章 • 新规则   001

如何在任何地方都成为最聪明的人

生活本身就是一场谈判。
一个谈判术的新时代到来了。

第二章 • 重复对方的话   023

如何迅速建立和谐关系

有意识地重复对方的语言，是一种不断强调双方相似点的艺术。这是一个信号，表明双方开始紧密联系，步调一致，开始建立起一种趋向信任的和谐关系。

第三章 • 体会他人痛苦，
不如把他们的痛苦"标注"出来   049

如何利用策略性的共情建立信任

策略性的共情，并不是说我们要完全转换为逃犯的心理，而是定位他们的感受，进而转化成语言，最后非常冷静并保持尊重地把他们当时的情绪重复给他们听。在谈判中，这就叫作"标注"。

第四章 • 小心"是"——掌控"不"   075

如何营造氛围,以便安全地与风险共舞

"不"是谈判的开始,而不是结束。当你不再害怕"不"这个字的时候,你就已经找到了每一位谈判者都在追求的解放时刻。

第五章 • 得到一句话,瞬间改变谈判   097

如何成功地说服他人

在谈判中最动听的一句话是"你说得对"。这句话总是会以一种对方不易察觉的方式慢慢发生变化,对方看不见却会转而拥护你的观点,微妙地站到你的立场上。这是一个不为人知的胜利。

第六章 • 扭转现实   113

在面临失败时,该如何努力塑造结果

谈判从来就不是一个线性方程。当你能理解那些由没有说出口的需求和想法构成的隐秘世界后,你就会发现可以有各种方法用来改变对手的需求和期待,并最终将其引到我们想要呈现给他们的结果。

第七章 • 制造控制的幻觉 　　　　　　　　141

如何用校准问题消弭对抗、赢得合作

在谈判中赢得先机的秘密在于，让对方拥有控制的幻觉。让你的对手觉得他们掌控着全局，但实际上是你在控制整个对话的框架，同时又让对方觉得是他们的选择把你带到了"你"想去的地方。

第八章 • 确保执行 　　　　　　　　161

如何发现撒谎者，确保所有人贯彻执行

真正有影响力的谈判者切记要掌握但不能陷入"内容"，对谈判中的真实语言、奉承唠叨都必须时刻保持清醒，知道如何利用这些微妙因素为自己争取优势，保证任务的贯彻执行。

第九章 • 互利原则　极端锚定点 　　　　　　　　187

如何得到你想要的价格

在谈判的各个阶段，没有任何一个阶段比讨价还价更让人焦急和充满发散性的了。在本章里，我们会解释建立议价过程的技巧，从心理学角度来决定用哪种技巧，以及这些技巧应该如何具体执行。

| 第十章 • 找到"黑天鹅" | 213 |

如何通过发现未知的未知信息取得突破

每一个谈判过程中,都有各种各样的信息。有些是我们已知的事实,还有一些是我们明知它们存在,但并不知道它们的具体情况,或者干脆并不知晓的情况。这些未知的未知情况,就是"黑天鹅"。

| 致谢 | 244 |

| 附录:准备一页纸的谈判清单 | 247 |

第一章
❝ 新规则 ❞

如何在任何地方
都成为最聪明的人

我被恐吓了。

我在美国联邦调查局（Federal Bureau of Investigation，FBI）工作了 20 多年，其中有 15 年是负责人质事件中的谈判工作，工作地点从纽约到菲律宾，以及中东地区，而我是这一行里的佼佼者。FBI 的工作人员在任何时候都不少于 1 万人，但只有一个人负责国际绑架事件的谈判，这个人就是我。

我从来没有经历过令我如此紧张、与我自身如此密切相关的绑架事件。

"沃斯，你的儿子在我们手里。给我们 100 万美元，否则他就死定了。"

我僵住了，闭上了眼，有意识地努力让自己的心跳恢复正常。

当然，我以前见过这样的情形，甚至有成千上万次之多，对方的要求无非是用钱换命，但都与这次不同，以前的事件里没有我儿子，也不是勒索 100 万美元。我这次面对的是有着令人羡慕的学位和一生从事专业谈判研究的对手。

你看，在桌子的另一头正坐着我的谈判对手——他们是哈佛大学法学院的谈判学教授。

我是来哈佛大学上一门简短的谈判实操课程，我想看看是否能够从商业世界的行为方式里学到一点儿东西。我应该低声细气，保持镇定，这也是作为一个 FBI 工作人员要努力拓展自己的知识面时，所需要体现出的专业成长精神。

哈佛谈判研究项目（Harvard Negotiation Research Project）的负责人罗伯特·姆努金（Robert Mnookin）先生得知我在校园里后，邀请我去他办公室，他说只是找我聊聊。

我倍感荣幸，还有点儿惊恐。姆努金先生一直令人印象深刻，我已经关注他很多年了。这并不只是因为他是哈佛的法学教授，还因为他同时是一位解决争端领域的风云人物，著有《与魔鬼讨价还价：何时谈判，何时搏斗》（*Bargaining with the Devil: When to Negotiate, When to Fight*）一书。

坦率地说，姆努金先生想要和我辩论谈判的相关问题，这并不公平，我只是堪萨斯城的一个前巡警。更糟糕的还在后头，姆努金先生和我坐下之后，门又开了，进来的是哈佛的教授加不里拉·布拉姆先生——一位国际谈判、处理武装冲突和反恐领域的专家。他曾在以色列国家安全局和铁腕的以色列国防军担任谈判专家长达8年。

这时候，姆努金的秘书走了进来，把一个录音机放在了桌上。姆努金和布拉姆一起面带微笑地看着我。

我掉到他们的陷阱里了。

"沃斯，你的儿子在我们手里。给我们100万美元，否则他就死定了。"姆努金微笑着说，"我就是绑匪，你打算怎么办？"

我感到一阵抓狂，但这种反应是预料之中的。即便有20年通过谈判拯救生命的经验，你还是会感到害怕，哪怕是在模拟的场景中，也不例外。

我努力让自己冷静下来。当然，我是一个巡警出身的FBI探员，我在工作中承担的压力才是真切和巨大的。况且，我也不是一个天才。但是我今天应邀来到这里，还是有缘由的。在过去的这些年里，我的能力、技巧，以及与人沟通的方式都在不断进步，这不仅能让我拯救生命，而且现在回头去看，也改变了我自己的人生。这些年的谈判经历也融入了我日常生活里的每一件事，无论是对待推销员的态度，还是作为父母的教育风格。

"来吧，把赎金给我，不然我现在就砍断你儿子的脖子。"姆努金试探性地说。

我用柔缓的目光长时间盯着他，然后露出了一丝微笑。

"你觉得我作为绑匪应该怎么说？"

姆努金停顿了一下。他问我的语气里有一丝被嘲弄的疑惑，就像一只小狗正追赶一只小猫，而小猫突然转过身并开始倒追。似乎我们俩玩的就不是同一个游戏，我们连游戏规则都对不上。

姆努金重新镇定下来。他双眉紧锁，死死地盯着我，似乎想要提醒我游戏还在继续。

"沃斯先生，如果你真的不在乎，我就杀了你儿子。"

"对不起，罗伯特，我怎么知道他是否还活着？"我说话的时候用了带有歉意的语气，并且直呼他的名字，有意在对话中注入温暖的因素，来干扰他一开始对我的恐吓，"我真的很抱歉，但我怎么能给你钱呢？如果我都不知道他是否安好，再少的钱我也没法给啊！"

他们在等着看我的好戏，等着看我这个聪明人在意外事件面前变得手忙脚乱、愚蠢不堪。恰恰相反，我的表现一点儿都不愚蠢。因为我所使用的是FBI最有效的谈判工具之一：开放性问题。

今天，在我自己的咨询公司黑天鹅集团（The Black Swan Group）内部，推行这个技巧已经很多年了，我们把它叫作"校准问题"（calibrated questions）。这一类问题能被另一方回答，但没有固定的答案。这会耗费你的时间，但这种问题会让你的对手产生仍然掌控局面的幻觉——他们会觉得自己完全掌握了答案并且握有生杀大权，但他们不知道自己已经被严重束缚住了。

不出所料，姆努金开始支支吾吾，因为对话的框架已经从我如何应对儿子被杀的威胁，变成了这位大教授要如何解决获取赎金的逻辑问题。现在要看他如何解决我的问题，无论他提出什么样的威胁和要求，我都会继续追问该如何支付赎金这个问题，以及我如何能够知道儿子还安然无恙。

我们拉锯了3分钟后，加不里拉·布拉姆加入了。

"不能让他这么对付你。"他对姆努金说。

"好吧,那你来试试。"姆努金甩甩手说。

布拉姆一头扎进了这个游戏里。经过在中东那几年的历练,他的态度更加咄咄逼人。但他还在用威胁的方式应战,结果得到的依然是我原先问的那几个问题。

姆努金再次加入战局,但仍然一无所获。因为沮丧,他的脸涨得通红。我能看出来,这种刺激已经让他无法冷静地思考。

"好了,好了,罗伯特,我们到此为止。"我把他从窘境中解救了出来。

他点点头。我儿子又可以活着看到新一天的阳光了。

"好吧,"他说,"我想FBI或许能够教给我们一些东西。"

我凭一己之力,对抗这两位哈佛著名的学术领袖。他们是最优秀的人,而我还是战胜了他们,登上了胜利的巅峰。

这场胜利是偶然吗?在过去的30多年里,哈佛大学是全世界谈判理论和实践的中心。据我所知,FBI使用的所有谈判术,都是被他们研究过的。我在FBI用了20年时间设计了一套谈判系统,几乎能解决我们遇到的所有绑架案。但我们并没有宏大的理论体系。

我们的谈判术是从实践中学来的,是FBI的探员们通过危机谈判实操和经验分享得来的,是一点点积累起来的。当然,其中有成功的经验,也有失败的教训。这是一个在日复一日的谈判实践中不断提高、优化的过程,经验是逐步积累起来的,而不是横空出世、纸上谈兵。而且,谈判术的发展带有急迫性,因为我们的谈判必须切实有效,否则就会有人付出生命的代价。

这些谈判术为什么有效呢?为了回答这个问题,我来到了哈佛,来到了姆努金和布拉姆的办公室。一旦跳出自己所熟悉的狭小领域,我就信心不足。最重要的是,我需要把自己拥有的知识表述清楚,并把这些知识与哈佛教授的理论结合起来(显然他们手里有一些理论)。只有这样,我才能更透彻地理解自己的知识，将之系统化，并且不断扩展。

是的，我们的谈判术显然能够有效地对付雇佣军、毒贩、恐怖分子和冷血杀手等，但我想知道的是，它对普通人是否一样管用。

我很快就在历史悠久的哈佛校园里发现，我们的谈判术在学术上是极其有价值的，在任何场合都能发挥作用。

由此得出结论：我们的谈判术是打开人类沟通宝库的钥匙，可以运用于任何场景领域、任何沟通互动和任何人际关系之中。

这本书，就是告诉你这些谈判术是如何起作用的。

大智若愚

为了给我的问题找到答案，一年之后的 2006 年，我参加了哈佛法学院的冬季谈判培训课程，借此机会展现我的谈判术。能够进入这个课程学习的人，都是最优秀的。教室里的学员都是手握法学和商学学位的哈佛天才学生，还有一些来自波士顿其他一流高校的尖子生，比如麻省理工学院或者塔夫茨大学。这里是谈判学的奥运赛场，而我是唯一与众不同的外来者。

第一天，学校在报告厅给我们 144 名学生做了课程简介，然后把我们分成 4 个大组，每组都有一名谈判指导老师带领。我们这组的谈判指导老师名叫希拉·汉（Sheila Heen），她是一个友善的人。我们与她简单交谈之后，开始两人一组模拟谈判。任务非常简单，其中一人负责出售一件商品，另一人则扮演买家，而每一方都有自己明确的心理价位。

我的练习对手名叫安迪（化名），他是一个红头发的家伙，看上去一副没精打采的样子。他高智商的优越感不经意地"洋溢"在身上，就像随意穿着的卡其裤一样，这是一种非常轻松自信的状态。我和他来到一间空教室里，这是哈佛校园里常见的英格兰风格的房间。在房间里环视一周后，我们开始用各自的方法展开谈判。安迪的做法是，作为买家先抛出一个价格，然后用严密、理性的思维解释为什么他的买价是合理的。他是在构建一个让人无法躲避的逻辑陷阱。而我的应对则是变着花样问："我要怎么做才能同意你的价格呢？"

我们拉锯了许多个回合，直到最后谈妥了一个价格。我们离开教室的时候，我心满意足，我认为自己漂亮地战胜了一个笨家伙。

在所有人都返回大教室之后，指导老师希拉走到学生中间，了解了每一组学生最终的成交价，然后把结果写到黑板上。

最后，轮到公布我们组的结果了。

"克里斯，你是怎么和安迪对练的？"她问，"你从他那儿得到了多少钱？"

我把安迪同意支付的价格告诉希拉后，她的表情让我难忘。她的脸先是像憋住了呼吸似的涨得通红，然后又像被捏住脖子似的喘出一口气，听着就像一只雏鸟饥饿的鸣叫。最后，她哈哈大笑起来。

安迪变得忸怩不安。

"你把他的每一分钱都榨干了，"她说，"按他之前的计划，还打算把预算的四分之一留给未来的工作。"

安迪深深地瘫在了他的椅子里。

第二天，我们换了同伴继续做同样的练习。

我还是一如既往，完全榨干了对手的预算。

靠运气击败对手没有意义，但我不同，我找到了谈判模式，结合传统的谈判知识和实践经验，把这些只掌握了书本里最尖端技巧的学生杀得片甲不留。

问题在于，这些家伙用的所谓的尖端技巧，其实已经过时了。我觉得自己就像网球巨星罗杰·费德勒乘着时光机器穿越回到20世纪20年代一样，在和一群优雅的、穿着白球裤、握着木头拍子、仅受业余训练的绅士进行一场网球锦标赛。和他们不同的是，我手里握的是钛合金球拍，拥有专业的私人教练，还有电脑优化过的发球和截击专项练习。与我交手的这些学生和我一样聪明，他们甚至更胜一筹，而且从本质上我们的游戏规则也是一致的，但是我拥有他们没有的技巧。

"克里斯，你的特殊谈判风格要让你出名了。"希拉在宣布了第二天的模拟谈判结果之后说。

我笑得像一只得意的猫，因为胜利总是令人欣慰的。

"克里斯，你能把你的谈判术分享给大家吗？"希拉问，"从表面上看，你只是坚持对这些哈佛法学院的学生说'不'，并且直勾勾地盯着他们，之后他们的心理防线就土崩瓦解了。真的就这么简单吗？"

我明白她的意思——我并不是真正在说"不"，只是我问的问题听上去像是这样。这些问题听起来像是在暗示对手的不诚实和出价不公。仅凭这一点，就足够让他们百口莫辩，并且开始和自己的内心交战。要想回答好我提出的校准问题，需要非常坚定地控制好自己的情绪，并以有经验的心理洞察力为辅助，但他们的"工具箱"里并没有这些东西。

我耸了耸肩。

"我只是问了一些问题，"我说，"这是一种被动进攻的策略。我只是问同样的3~4个开放性问题，周而复始。不久他们就没法回答了，只有乖乖地投降，把所有我想要的都给我。"

安迪从他的椅子上跳了起来，就像被蜜蜂蜇了一下。

"可恶！"他喊道，"这就是我遇到的情况，让我束手无策。"

当我完成了在哈佛的冬季谈判课程之后，已经成了许多学生的朋友了，甚至包括安迪。

我在哈佛的经历说明，关于谈判，我们FBI有许多技能可以教给这个世界。

我在哈佛短暂的学习经历让我意识到，如果没有对人类心理的深刻理解，如果不承认我们都是疯狂、冲动、情绪化的非理性动物这个前提，那么在瞬息万变、令人焦虑的谈判中，所有粗浅的智慧和数学逻辑，都是没有意义的。

是的，也许我们人类是唯一会讨价还价的动物。猴子不会拿自己的香蕉去和另一只猴子换果仁。但是，我们无论如何用数学理论来装扮我们的谈判，本质上我们仍然是动物，总是会从我们内心深处看不见的，早期人类就有的恐惧、需求、判断和渴望出发，来采取行动并做出第一反应。

但是，哈佛的学者们并不是这样理解的。他们的谈判理论和技术都和智慧力量、逻辑思维相关，并有权威的缩写，比如最佳替代方案（BATNA）和可达成协议的空间（ZOPA）。这些理论和技术还需要体现理性的价值、道义的理念，来明辨所谓的是非。

而建立在这种错误的理性大厦之上的，当然就是所谓的谈判程序。他们有一张检查表，有一套事先制定的行动顺序、出价方案和反报价策略。这些都是经过设计的特殊顺序，以求最后达到特定的结果。他们这么做，就像是在对付一个机器人，似乎你按某种顺序做了a、b、c、d，你就必然能得到x。但在现实世界的谈判中，情况是远远超乎预料的，也是异常复杂的。你可能需要先做a，再紧接着做d，然后可能要接着做q。

我在和恐怖分子、绑匪交手过程中，发明了许多基于情绪掌控的谈判术。如果我只用了其中一种谈判术，就成功制服了全国最优秀的学生，那我为什么不把这些谈判术用到商业市场中去呢？绑架人质的银行劫匪和利用强硬手段攫取亿万钱财的CEO，又有什么不同呢？

从本质上说，绑匪也是一个想要拿到好价钱的商人。

过时的谈判术

人质被绑架，然后展开谈判，这种情形从人类有历史记录以来就出现了。《旧约》中就讲述了许多以色列人和他们的敌人在战争期间，相互扣押对方的臣民作为筹码的故事；而罗马人的做法，则是强迫各个城邦的首领把他们的儿子送到罗马城接受教育，以此来确保城邦首领们的忠心。

但是，直到尼克松执政之前，美国所谓的人质谈判的程序也仅仅是派出武装人员伺机开枪解救人质。那时的执法人员所做的也就是尽量和绑匪对话来拖延时间，直到武装人员找到用枪解决问题的时机。武装解救人质的做法真野蛮啊。

后来，发生了一连串绑架惨案，逼迫我们改变了应对方法。

1971年，在纽约州发生的阿提卡监狱暴乱中，警察试图用武力解决问题，结果造成了39名人质被杀。此后，在1972年的慕尼黑奥运会期间，11名以色列田径运动员和教练被恐怖分子绑架，在德国警察笨拙的武力解救过程中，人质惨遭杀害。

对美国执法部门触动和刺激最大的事件是1971年10月4日发生在佛罗里达州杰克逊维尔机场跑道上的一起劫机案。

在那个时代，美国频繁发生劫机事件，1970年甚至平均3天发生5起。就在那种紧张的气氛下，一个名叫乔治·基菲的精神错乱者，劫持了一架从田纳西州纳什维尔飞往巴哈马群岛的包机。

当这场危机结束时，基菲已经杀死了两名人质——包括已经和他疏远的妻子和飞行员。最后，他自杀了。

但这一次，社会舆论并没有谴责劫机者，反而把矛头直指FBI。飞机当时在杰克逊维尔机场降落，准备补充油料，甚至有两名人质已经成功地说服劫机者让他们下飞机。但是，FBI探员们已经失去了耐心，他们向飞机引擎开了枪，结果逼得基菲走上了极端。

当时的舆论对FBI的责难异常激烈，遇害飞行员的妻子和基菲的女儿甚至提起了一项FBI过失致人死亡的诉讼。法院也认同了这项指控。

在1975年这起具有历史意义的"唐斯起诉美国政府"（Downs v. United States）一案的判决中，美国上诉法院（the U.S. Courts of Appeals）认为，有更好的处理方法能够保护人质的安全；而FBI把一场两名人质有望获救的"等待游戏"变成了一场"射击比赛"，从而造成3人死亡。法院的结论是，在采取解救行动之前，必须先努力进行合理的谈判。

唐斯起诉案的判决总结了在危机中所有不应当做的事，并且推动了当今人质谈判理论、培训和技术的发展。

基菲事件后不久，纽约警察局（NYPD）在全美率先组建了一支专家队伍，专责危机谈判工作。此后FBI和其他地方警局也纷纷效仿。

一个谈判术的新时代到来了。

用心对脑

在20世纪80年代早期，麻省理工学院成为谈判界的热点，来自不同领域的学者会聚到这里，研究和探索令人兴奋的新理论。理论的跃进发生在1979年，当时成立的"哈佛谈判项目"，旨在发展谈判理论、教学和实践，以帮助人们更高效地应对从和平条约到商业并购的各种谈判。

两年之后，罗杰·费希尔（Roger Fisher）和威廉·尤里（William Ury），这两位"哈佛谈判项目"的共同发起者，出版了《谈判力》（*Getting to Yes*）一书，创造了谈判领域的开创性理论，完全改变了谈判实践者对这个领域的认知。

从本质上说，费希尔和尤里将解决问题的方法进行了系统化处理，促使谈判双方能够达成互利的交易，也就是达到书名中的"Yes"。他们的核心假设是：人是动物化的、不可靠的、不理性的野兽，情绪化的大脑能够被一种更理性的、能综合解决问题的思维方式控制。

他们的这套理论有四条原则，很容易上手。第一条原则，把当事人（情绪）从事件中分离出来；第二条原则，不要被对方的立场（对方想得到的具体东西）牵着走，而是关注对方的利益（为什么他们提出这样的要求），这样你就能发现对方到底想要什么；第三条原则，以合作的方式营造双赢机会；第四条原则，建立起双方都同意的标准，用来评估潜在的解决方案。

这是当今最先进的对垒理论和法律思考的结合体，是智慧的、理性的和深奥的。该书出版之后的这些年里，包括FBI和纽约警察局在内的每一个执法机构，都在谈判过程中奉行了问题导向原则。这种原则看上去是非常现代化的，也是聪明的。

在美国中部的芝加哥大学，也有两位教授从另一个完全不同的角度，研究了从经济到谈判中的各种问题。他们是经济学家阿莫斯·特韦尔斯基（Amos Tversky）和心理学家丹尼尔·卡尼曼（Daniel Kahneman）。两人一起开创了行为经济学，卡尼曼还获得了诺贝尔奖——他证明了人类是非常不理性的动物。

他们发现，人的感受只是思考的一部分。

如你所见，哈佛之类的商学院在20世纪80年代开始教授谈判课程时，把谈判过程直接看成一种商业分析。在那个时期，全球学术界顶尖的经济学家纷纷声称——我们都是"理性行动者"。因此，在谈判课程中，都会假定双方都是采取理性行动的、自私的、试图让自己的利益最大化的人，谈判的目的也就成了如何在不同的情境里让自己的利益最大化。

这种心态让卡尼曼觉得困惑。多年的心理学研究告诉他，"人不会是完全理性的，也不会是完全自私的，他们的风格绝对不是稳定的"。这个道理不言自明。

经过与特韦尔斯基几十年的共同研究，卡尼曼证实了所有人都有"认知偏见"（Cognitive Bias），这是一种无意识的、不理性的大脑活动，会扭曲我们对世界的看法。卡尼曼和特韦尔斯基发现了超过150种不同形式的认知偏见。

有一种偏见叫"框架效应"（Framing Effect）。它显示人类对同一个选择会做出不同的反应，原因在于思考框定的区间不同（如果肯定的结论从90%上升到100%，人们就更愿意积极行动；而如果从45%上升到55%，就没有这么大的动力了，虽然这两种情况都上升了10%）。"前景理论"（Prospect Theory）解释了为什么我们在面对不确定的损失风险时，会去冒险。最著名的是"损失规避"（Loss Aversion）。这个理论展示了人们更趋向规避损失，而不是去争取相应的收获。

卡尼曼后来把他的研究写成了一本2011年的畅销书——《思考，快与慢》（*Thinking, Fast and Slow*）。他在书中写道，人类有两个思考系统：思考系统一，即我们的动物性思维，是快速的、本能的和情绪化的；思考系统二，是缓慢的、谨慎的和有逻辑的。思考系统一是非常流畅的，实际上，它引导和控制我们理性思维的方向。

思考系统一所包含的初级信仰、感觉和印象，是思考系统二所展现的明确信仰和谨慎抉择的主要来源。它们是思维河流的源泉。我们情绪化（思考系统一）地对别人的建议或问题做出反应，然后，思考系统一的反应会通知思考系统二，同时影响思考系统二给出的答案。

现在我们思考一下，在这种思考系统模式下，如果你懂得如何影响对手的思考系统一及其难以名状的感觉，继而在你框定的区间里提出问题，你就能引导他的思考系统二做出一种被你修改过的反应。这就是在哈佛谈判课程上，我的对手安迪遇到的情况：通过问他"你指望我怎么做"，我影响了他思考系统一的感性思维，让他以为自己的出价不够好；然后，他的思考系统二理性地分析了情况，倾向于给我一个更好的报价。

如果你相信卡尼曼的理论，在谈判过程中只根据思考系统二的概念行动，而不是观察、理解和操纵思考系统一的感性基础，就如同想要煎蛋却不先打破蛋壳一样荒谬。

FBI 的情绪化

20 世纪八九十年代，FBI 新的谈判专家队伍开始慢慢成长，并在解决问题的技巧上取得了长足的进步。但问题也更加明显——我们的谈判体系缺乏一个关键要素。

在那个时候，我们深信《谈判力》里的理论。作为一个有几十年谈判、咨询专家经验的人，我依然认同这本书里提到的许多强有力的谈判战略。这本书的出版，标志着"合作解决问题"这一理论的横空出世，同时创造了重要的谈判概念，比如 BATNA，即达成谈判协议的最佳替代方案（the Best Alternative to a Negotiated Agreement）。

这真是天才的杰作。

但是，在 1992 年发生的红山农场狙击案和 1993 年的韦科惨案造成严重死伤后，不可否认，绝大多数的人质事件谈判都不是一个理性问题的解决过程。

我的意思是，面对这些自以为是救世主的当事人，你可曾尝试过取得双赢的结果？

事实表明，《谈判力》在人质绑架事件中并不起作用。无论多少执法人员曾拿着笔仔细阅读这本书，都没能证明书中的理论在人质谈判中对达成一致能够起到有效作用。

这本书炫目的理论和日常执法实践之间，有一道深深的鸿沟。为什么有这么多读过这本畅销商业书的人把它奉为谈判领域的圭臬，却没有谁能够在实战中成功地使用它？

是因为我们太愚蠢了吗？

红山农场狙击案和韦科惨案过后，许多人都在问这个问题。特别是美国副总检察长菲利普·海曼（Philip B. Heymann），他非常想知道为什么我们的人质谈判术会如此糟糕。1993年10月，他起草了一份名为《韦科惨案的教训：对联邦执法的改进建议》（*Lessons of Waco: Proposed Changes in Federal Law Enforcement*）的报告，其中总结了一个专家小组对执法部门无法有效处理复杂人质绑架事件的研究分析。

因此，1994年，FBI局长路易斯·弗里（Louis Freeh）宣布成立"犯罪事件反应小组"（CIRG），这是一个由危机谈判、危机处理、行为科学和人质解救等多个部门组成的跨部门机构，以全新的面貌应对危机中的谈判。

唯一的问题是，我们要使用哪一种谈判术？

在那段时间里，两位FBI历史上最著名的谈判专家——我的同事弗雷德·朗塞勒（Fred Lanceley）和我的上司加里·内斯纳（Gary Noesner）正好在加利福尼亚的奥克兰开设人质谈判培训课程，他们的学员是35名经验丰富的执法人员。他们问了学员一个简单的问题：有多少人遇到过经典的谈判情形，还能够把解决问题的理论作为最佳解决方案？

答案是，从来没有人遇到过。

紧接着，他们又补充了一个问题：在极具变化、紧张万分的不确定环境里，有多少学员遇到过绑架者情绪崩溃而无法提出明确要求的情况？

答案是，每个人都遇到过。

结论很明显：在情绪主导的事件中，非理性的要价和沟通构成了警方谈判人员所要面对的绝大多数情形。在这样的情形下，我们的谈判术应该聚焦在对象的动物性、情绪化和非理性特点上。

从那一刻起，我们的重点就不再是训练等价交换和解决问题的能力，而是学习在危机干预中所需要的心理学技巧。情绪和情商成为影响谈判结果的核心因素，而不再是谈判中需要克服的东西。

我们所需要的仅仅是简单的心理学技巧和战术，让我们能够在实战中让当事人冷静下来、缓和关系、增进信任、明确地说出诉求，并让对方理解我们的共情。我们需要一些方便教学、简单易懂、容易执行的谈判术。

这些就是警察和探员最终需要的，他们并不打算成为学者或者治疗专家。他们想做的是改变绑匪的行为，无论绑架者是谁、想要得到什么，只要能让他在危险的环境中稳定情绪，就能保障人质的安全。

在起初的几年里，FBI同时试验了专业咨询领域的新、旧两种心理治疗术。这两种治疗术的目标都是建立人与人之间积极正面的关系，方法是设法表现出对被治疗者处境和感受的理解。

所有试验都以被治疗者希望被理解和接受作为普遍前提。倾听是最简单的方法，但也是最有效的方法。通过认真倾听，谈判者表现出共情，并显示出自己真诚地希望理解对方的处境。

心理治疗研究显示，当个体感受到被倾听时，他们也会更细心地关注自己的表达，更开放地评估和澄清自己的想法和感受。除此之外，他们也会减轻防御和抵触心理，更愿听取别人的意见，这就能让他们平静下来，理性分析自己的处境，继而成为《谈判力》里完美问题的解决对象。

你将在这本书里学到的核心概念叫作"战术共情"（Tactical Empathy）。要求在倾听的时候，就像在练武术一样，表现出微妙平衡的情绪信息和坚定自信的手段，以此达到影响对方思维的目的。与传统的流行观点不同，倾听并不是一种被动的行为，而是你能够采取的最主动的行为。

我们开发新的技术时，谈判的世界就分化成了两个流派：在高等学府里教授所讲的谈判知识，还在继续沿着理性解决问题的既有路径发展；与之相反，我们这些在FBI里的榆木脑袋却开始推广一种未经学术论证的谈判系统，这是一种基于心理学、咨询和危机干预实践的新系统。后来，当常青藤高校联盟教授数学和经济学课程时，拥有这套谈判系统的我们就成了理解心灵的专家。

我们的方法行之有效。

生活就是谈判

你可能会好奇FBI的谈判专家如何让世界上最冷酷的坏人放弃了手中的人质，但其实你不如好奇人质谈判与你的生活有何联系。幸运的是，绝大部分人都不会被迫面对绑架自己亲人的宗教极端恐怖分子。

但是，让我告诉你一个秘密吧：生活本身就是一场谈判。

我们在工作中和生活中遇到的大部分沟通互动都是谈判，说到底就是要表达一种简单的、动物性的需求：我想要。

"我希望你释放人质"，按照书本上的定义，这当然是一种非常直接的谈判表达方式。

但以下的语言也是谈判的方式：

"我希望你接受这个100万美元的合同。"

"我想出价2万美元买下这辆车。"

"我希望你给我涨薪10%。"

"我希望你晚上9点上床睡觉。"

谈判服务于两种彼此分离的、关键的生命功能服务——信息搜集和行为影响。在几乎所有任何一方想要从另一方获取什么东西的场景下，谈判无处不在。你的事业、钱财、名誉、爱情，甚至你孩子的命运，在某种程度上都与你的谈判能力息息相关。

你在这本书里将要学到的谈判知识，说到底也就是通过沟通来达到目的。你一生中能获得什么成就，其实是看你能够从别人那里得到什么，或者和别人一起能够得到什么。无论在哪种关系中，双方的分歧和冲突都是不可避免的。因此，懂得如何在充满分歧和冲突的情况下得到所求，同时还不会造成损害性的后果，就变得十分关键。

在这本书里，我会利用我在 FBI 20 多年的职业生涯提炼出的原则和实战经验，设计一种令人兴奋的新方法，帮助你在任何实际谈判场景里都能让对手放下武器、动摇立场、丧失心智，而且是以一种肯定双方关系的方式来达到这个目的。

是的，你将了解我们是如何通过谈判安全地解救了无数人质；你还将学到如何利用对人类心理的深刻理解来获得更低的汽车售价、更大的涨薪幅度，以及说服孩子答应更早睡觉的谈判。这本书将教会你在日常生活和事业前途相关的重要谈话中，如何取得主动控制权。

要想掌握日常生活中的谈判技巧，第一步是把你的厌恶情绪转变为谈判动力。你并不需要喜欢所有东西，你只需要理解这个世界是怎样运行的。谈判并不意味着要把某人击倒在地或百般折磨某人。简言之，谈判就是玩一场由人类社会制造的情绪游戏。在这个世界上，只要你以正确的方法提出要求，你就能获得你想要的。因此，对于你认为理所应得的东西，就要强调你获取它的特殊权利。

接下来这本书真正讲述的是你如何接受谈判，并通过谈判学会理解和控制人心得到所求。你将学会使用你的情绪、本能和思维来与别人更好地交往，影响他们，并得到更多。

有效的谈判是一种实用的人类智慧，它能够在生活的方方面面帮助你建立心理优势：如何评价他人，如何影响他人对你的评价，以及如何利用这种心理评价达到你的目的。

但是也请注意，这本书并不是一本心理学流行读物。这是一本深刻的、引人深思的（大部分思考结果可以付诸实践）、运用了领先于心理学理论的书，而这些理论是经过提炼本人在 FBI 20 多年的经验，以及在世界顶级商学院和专业公司 10 年的培训咨询经历后，总结出来的精华。

相信这本书是十分有用的，原因很简单：它是根据真实世界里获得的经验总结出来的，而不是在高校教室里或者培训课堂上闭门造车得来的。书中教授的经验方法都是被实践反复证明过、近乎完美的。

请记住，在人质绑架案件中，谈判专家的角色是特殊的：他必须赢得谈判。试想他对绑匪说："好吧，你手里有 4 名人质，我们来中和一下分歧，你先给我 2 个人质，我们今天先谈到这里。"这样能行吗？

当然不行。一个成功的人质谈判专家必须得到所有他想要的东西，而且不能答应绑匪任何实质性的要求，还要让对手觉得他们之间有着很好的关系。他的工作可以看作打了兴奋剂的情绪和智慧的活动。这些都是你将要在这本书里学到的方法。

关于本书

就如同建造房屋一样，这本书也是自下而上设计的：首先要打好坚实的地基，然后砌起必要的承重墙，再盖上宏伟坚固的屋顶，最后进行温馨的内部装修。

本书的每一个章节都是在前一章基础上的扩展。在第一章，你将学习到完善的"主动倾听"（Active Listening）技术、开始接触具体的方法，再学习使用何种措辞进入和退出议价这一阶段，最终找到谈判的真谛：黑天鹅事件

（Black Swans）。

在第二章，你将学到如何避免谈判新手盲目地提前假设，并且用"主动倾听"技术来替代假设，这些技术包括重复（Mirroring）、沉默（Silence）和使用"深夜电台主持人的声音"（Late-Night FM DJ Voice）。你将学会如何让事件发展的节奏慢下来，如何让你的对手感到安全并愿意袒露心扉，如何辨别和区分"要求"（渴望）和"需求"（达成交易的最低价），以及如何聚焦和关注对手必须说的话。

在第三章，我们将深入讲解"战术共情"。你将学到如何洞察对手的观点，以及通过"标注法"（Labeling）获取信任和理解——也就是向对方重复他们的观点。你还将学到如何打破负面的氛围，让谈判变得开放。最后，我将介绍如何使用"指控审查"（Accusation Audit）来大声诉说以打消对手的抱怨。

在第四章，我将探讨在谈判中让对手感到被理解和获得正面认可的方法，以便制造一种无条件的、积极的气氛。在这一章，你将学到为什么在谈判的每一个阶段，我们都要努力获得"你说得对"这一反馈，而不仅仅是"是的"；你还将学会如何通过"归纳"（Summaries）和"解释"（Paraphrasing）来发现、重塑和在情感上肯定对手的世界观。

在第五章，我将告诉你与《谈判力》相左的观点。你将理解为什么"不"具有极端重要性，因为"不"是谈判的起点。你将同时学会如何走出自我意识的樊篱，以及如何在对手的世界里进行谈判，这也是唯一能让对手履行谈判结果的办法。最后，你将了解如何通过承认对手选择的权利来拖住对方，以及确保你的邮件不会被对方忽视的撰写技巧。

在第六章，你会发现控制现场的艺术。就是当你使用各种方法在谈判中划定框架之后，对手就会不知不觉地接受你所设定的边界。你将学会如何操控时间底线来制造紧迫的气氛，如何利用平等的观念来驾驭你的对手，以及牢牢控制住他们的情绪，让他们在接受你的出价时，不会觉得自己遭受损失。

在第七章，我将重点介绍自己在哈佛使用的强大武器："校准问题"。这些问题包含"如何"和"什么"。通过不让对方用"是"和"不是"回答，来迫使他们开动脑筋来解决你提出的问题。

在第八章，我将展示如何在操作阶段使用这些"校准问题"来避免失败。我经常说，"不"与"如何"开头的提问联系到一起，"是"的回答毫无意义。你还将发现，非语言交流是多么重要。你将学会使用"如何"这一疑问句来婉转地说"不"，学会如何让你的对手自己与自己竞价，以及如何影响不在谈判桌上的谈判破坏者。

在某种意义上，每一场谈判都归结于一个基本事实，即传统定义的议价。在第九章，我将向你展示步步为营的有效谈判价格的步骤，从如何准备到如何避开咄咄逼人的对手，以及如何进攻。你将学会阿克曼系统（Ackerman system），这是FBI用来制定和提出条件最有效的手段。

最后，在第十章，我将介绍如何找到和使用谈判界最珍贵的东西：黑天鹅因素。在每一次谈判中，会有3~5个信息点，无论它们是否明确显示，都有可能改变全局。它们是纯粹的游戏颠覆，也正因如此，我把自己的公司命名为"黑天鹅集团"。在这一章里，你将学会如何通过蛛丝马迹发现隐藏于"黑天鹅"的"天鹅窝"，同时将学会利用黑天鹅因素的简单方法，以获得远超对手的杠杆力量，最终取得令人赞叹的真正胜利。

本书的每一章开头，我都会先讲一个紧张的有关人质谈判的故事，然后用细致的、洞察的眼光分析和解释故事中的哪些手段起了作用，哪些毫无助益。解释完理论和方法之后，你将读到一个真实生活中的案例分析，这些案例是我或他人的薪酬谈判、买车谈判经历，或者是解开家庭生活中棘手问题的例子。

当你读完这本书后，如果能够在事业和生活中运用这些关键的谈判术，我就算成功了。我相信你一定会用上的。请记住，要想成功地进行谈判，充分做好准备极其重要。因此，在附录里，你将看到一份"谈判清单"，这是我向自己的学生和客户介绍的一份宝贵的清单，一份包含激活我们所有谈判技巧和谈判战略的简洁列表。它可以帮助你回想思考，并且根据你想要完成的谈判交易来制定方法。

对我而言，最重要的是，让你认识到谈判能够变成多么紧急、重要，甚至美丽的过程。当我们面对千变万化的谈判时，我们学会了如何找到所求，并且还能使别人安得其所。

谈判是合作的核心。它使矛盾和冲突具有潜在的价值，并使各方收获颇丰。它能改变你的人生，就像我的人生因此而变一样。

我只不过是一个普通人，勤勉好学，却没有天赋异禀。我总觉得生活中有那么多有意思的可能性。在我年轻的时候，也完全不知道该如何抓住和控制这些可能性。

随着我学到的技能的增多，我找到了非凡的方向，并看到我的学生因此真正改变了他们的生活。当我运用过去30年积累的知识时，我知道实际上我已经能改变自己的人生轨迹了，也能帮助别人这么做。30年前，即便我觉得自己能做到，也不知从何下手。

现在我知道了，都写在这本书里了。

第二章

● 重复对方的话 ●

如何迅速建立
和谐关系

1993 年 9 月 30 日

一个秋高气爽的上午，8 点半左右。两个蒙面的劫匪冲进了位于纽约布鲁克林第七大道和卡罗尔街路口的大通银行（Chase Manhattan Bank），触发了警报。当时银行里只有两名柜员和一名保安。保安是一个 60 岁的男子，手上没有武器。劫匪用一把 0.357 口径的手枪敲破了他的脑袋，把他拖进男厕所锁了起来。其中一个柜员也同样被劫匪用枪敲晕后关了起来。

然后，其中一个劫匪抓住剩下的那个柜员，把枪管放到她的嘴里，扣动扳机——咔，好在枪膛里没有子弹。

"下一枪就是真的了。"劫匪威胁说，"马上把金库给我打开！"

银行抢劫，有被扣押的人质，这样的情形经常在电影里出现，但在纽约已经有将近 20 年没有发生过这样的事件了。纽约的人质绑架谈判任务比美国其他地方都要多一些。

这是我第一次真正以身涉险，直面人质谈判任务。

我那个时候刚刚完成了为期一年半的人质谈判培训，但还没有机会实践我学到的那些新技能。对我而言，1993 年是极其忙碌的。我在 FBI 的联合反恐任务小组（Joint Terrorism Task Force，JTTF）工作，当时正作为副手调查一件企图在荷兰隧道、林肯隧道、联合国大楼和联邦广场 26 号（FBI 纽约总部）放置炸弹的案件。我们抓住了正在秘密地点制造炸弹的恐怖分子，从而破获了此案。这些犯罪分子和一个埃及组织有关，而这个组织与恐怖分子"盲眼谢赫"（Blind Sheikh）联系紧密。"盲眼谢赫"后来也因为在幕后策划和组织这起爆炸案而被判有罪。

你可能会觉得，我们都已经能破获恐怖案件了，对付两个银行劫匪岂不是小菜一碟？但其实从那时起，我就已经意识到谈判将成为我一生热衷的事业，我急切地想把自己学到的知识通过实战进行检验。除此之外，这个绑架案本身并不会让人觉得轻松。

接到电话后，我和同事查理·博杜安（Charlie Beaudoin）赶到现场，把福特维多利亚皇冠警车停在警戒线外，步行来到现场指挥所。在现场的有纽约警察局、FBI和特种部队（SWAT）的人员——所有的执法部门都派出了强大的力量来对付这两个歇斯底里的银行劫匪。

纽约警察局蓝白相间的警用皮卡和巡逻车排成了一堵墙，在警车后面，马路对面的另一家银行里，警察正整装待命。特种部队成员爬到附近一座棕色砖楼的房顶上，通过步枪瞄准镜观察情况，他们把枪口瞄准银行的入口和后门。

不要想当然，要用假设引导

优秀的谈判专家明白要随时准备好面对意想不到的情况；而伟大的谈判专家，则能够使用技巧揭示他们所认定和存在的意想不到的情况到底是什么。

经验会告诉他们，最好的办法就是时刻保持多种假设——关于形势的、关于对手要求的、关于各种变量的假设——这些假设要同时存在于头脑中。在一瞬间，这些假设在头脑中警觉地呈现，他们不停地用新得到的信息验证这些假设，去伪存真。

在谈判中，每一个新的心理洞察点或者一点儿新的信息，都会揭示下一步的走法，否定一些假设的同时，支持另一些假设。你要在这个过程中保持探索者的心态，一开始的目标是收集和观察尽可能多的信息。此外，那些真正聪明的人作为谈判者容易出现问题的地方也在于此——正因为他们太聪明了，才往往认为自己没有必要去探索新东西了。

很多情况下，人们觉得坚持自己的看法会相对容易。他们根据事先听说的信息或者出于偏见，在见到一个人之前就先入为主、妄下推断；他们甚至会忽视自己的观察而人为地塑造一个结论。这些想当然的做法干扰了我们对世界的感知，让我们误以为眼前面对的形势是一成不变的、存有瑕疵的。

伟大的谈判专家能够对那些想当然的观点质疑，而其他人在谈判中往往陷入想当然的理论中，或者因此变得十分傲慢。于是，伟大的谈判专家对各种可能性都抱有更开放的心态，在瞬息万变的情况下能更游刃有余地去应对。

很遗憾，回到 1993 年，那时我还远不是一名伟大的谈判专家。

所有人都以为这个突发危机很快就能结束，银行劫匪别无选择，只能投降——或者说我们是这么认为的。那天事发后不久，我们就得到信息说劫匪打算投降。我们完全不知道这只是匪首用来拖延时间的伎俩。在一整天的时间里，这个匪首反复提到其他 4 个同伙对他的影响。我那时候还没有学会观察和分析对手过度使用人称代词（我们、他们和我）的情况。他在言语中越不重视自己，实际情况越可能恰恰相反（反之亦然）。我们后来发现，其实在银行里只有他和他的另一个同伙，如果你把开车的司机也算成劫匪的话，他们一共才 3 个人，而司机在我们赶到现场之前就逃跑了。

这个匪首采取了"反情报行动"，给我们提供各种虚假信息。他想让我们相信他有一群来自不同国家的同伙和他并肩作战；他还想让我们相信他的同伙要比他残忍、危险得多。

当然，回头再看这个事件，他的行事思维是清晰的——他竭尽全力来误导我们，直到他找到脱身之法为止。他始终声称他不是负责的头领，所有的决定都是其他人做出的。当我们要求他透露一点儿银行里面的信息时，他就会装出一副很害怕的样子，至少显得有点胆怯，同时他也不总是用平静和自信的语气说话。这个例子提醒我和我的同事，在真正弄清真相之前，是无法知道真相到底是什么的。

虽然接到电话时是早上 8 点半，但我们赶到银行对面的街上，并与现场的同事接头时，已经是上午 10 点半了。现场的氛围给我们的感觉好像这个案子没什么大不了的，就如教科书里所说的一样，是一个短暂、容易的案子。指挥官们认为我们作为谈判专家进入银行 10 分钟就能解决问题，因为劫匪已经准备投降了。可后来我们的谈判陷入了僵局，指挥官们陷入了尴尬，因为他们基于错误信息，已经向新闻媒体夸下了海口。

我们到现场谈判投降的相关事宜，但形势急转直下。

我们之前得到的信息全是错误的。

安抚一个精神分裂者

我们的谈判行动中心（Negotiation Operation Center，NOC）就设立在被打劫的大通银行对面的另一家银行里，只隔了一条窄窄的小街。我们离人质劫持现场太近了，这也给我们的行动带来了不便。我们离劫持现场不到 27 米，理想的情况应再增大一点儿缓冲距离，因为我们希望如果对方一旦失控，最好还是离得远一些。

我和我的搭档抵达后，就立即给纽约警察局的谈判专家打电话要求提供支援。那个谈判专家名叫乔，他干得不错，但是在这种情况下，孤军奋战是不可取的，我们总要进行团队合作。合作的理论基础：我们相信的人越多，也就能得到越多的额外信息。在某些案子里，我们甚至会 5 个人同时监听一个电话，在得到新信息后要立即进行分析，从幕后给出建议和指导，再由负责通话的那个谈判专家来执行，这也是我们那天去到现场的任务。我们让乔与匪首通话，其余的人在边上监听，来回交换纸条，试图弄清复杂的情况。我们之中的一人负责控制电话那头匪首的情绪，另一人则负责监听通话中的线索和"秘密"，希望这样做能让我们更好地了解对手的情况，等等。

我在与我的学生谈到这个事件的时候，他们会问："说真的，你们真需要这么庞大的队伍来监听一个电话吗？"我告诉他们，实际上FBI已经得出结论，必须十分警醒地监听每一通电话，但要想监听好每一通电话，也并不简单。

我们很容易分心。因为我们是在有选择地倾听，只能听到我们想要听到的东西。我们的大脑在认知上偏向于相信持续不变的信息，而不是相信真相。这只是个开始。

大部分人在参与谈判的时候，当听到从自己的角度出发的观点时，就会先入为主，因此就很难认真而客观地倾听。在乔治·米勒（George A. Miller）被引用最多的心理学研究论文中，他令人信服地指出：我们每个人的头脑在每一个瞬间都只能处理大约7条信息。换句话说，我们经常会被超负荷的信息压垮。

对于那些把谈判看作一场辩论战争的人而言，他们头脑里的声音就已占据了一切。他们不说话的时候，脑子里想的也是如何组织辩论语言。在谈判桌两头的人往往都是如此，因而就出现了我所说的"精神分裂"——每个人只听到了自己脑子里的声音（还不完全是，因为他们还要同时处理7~8条其他信息）。看起来只有两个人在对话，其实更像是4个人在谈判。

有一种强大的方法可以让你脑子里的声音和对方脑子里的声音同时安静下来，用一剂药就能治好两个精神分裂者。不要优先考虑你自己的论点，在你开口之前，最好什么都不想，你要全神贯注地听对手想要说什么。在这种真正的主动倾听的状态下，再用你将在后面几章学到的技巧加以辅助，你就能让对手丢盔弃甲。你不仅会给他们安全感，他们脑海里的声音还会安静下来。

这么做的目的是看清对手的真实需求（无论是金钱上的、感情上的，抑或是其他方面的），让他们有足够的安全感来对话，以便说出他们更多的条件。通过听取他们的条件，可以帮助发现他们的真实需求。在开始谈判的时候，条件是容易说出来的，它能鼓励我们找到解决问题的方法和保持我们对进程控制的幻觉。需求则与生存息息相关，是我们采取行动所需要的最低要求，因此让我们变得脆弱。但无论是条件还是需求，都是我们的起点，从倾听开始，学会倾听别人，识别他们的情绪，为开始一场真正的对话营造足够信任和安全的氛围。

那天在和绑架人质的匪首通话时，我们还远没有建立起这种安全氛围。他不停地释放各种烟幕弹，坚决不说自己的姓名，用扭曲的假声和我们说话。他还指责我们把他的声音公开播放，银行附近的人都能听见。然后，他又突然要求乔"保持通话"，而后又挂了电话。他一直要求我们提供给他一辆面包车，让他驾车带着人质去辖区警署自首。如果他想要投降，那么这样做是没有意义的。当然，他根本就没有投降的计划，倒是有一个逃跑的方案。在他各种说辞的背后，是想要设法离开银行，逃避抓捕。因为他的司机已经逃跑了，他急需搞到一辆车。

在此案结束之后，更多的细节越发明朗。我们并不是他唯一的撒谎对象，这个匪首甚至没有告诉他的同伙他们是去抢银行。他其实是一个银行现金押运员，他的同伙以为他们只是去盗窃银行的自动取款机，他们并没有打算参与绑架人质。实际上，他的同伙也被他绑架了，他们陷入了未曾预料到的糟糕境地。最后，我们利用了人质绑架者之间的这种"不相关"离间了他们，最终打破了僵局。

放慢脚步

匪首想让我们相信他和他的同伙对人质照顾有加,但实际上银行保安不在他们的视野之内,第二个柜员也已经逃到地下室躲起来了。每当乔提出要和人质说话时,匪首都用各种方式搪塞,就好像银行里已经乱成了一团似的。他用诡异的长篇大论告诉我们,他和他的同伙花了多少时间和精力把人质照顾好。他经常以照顾人质为借口,让乔在电话里等待他,或者干脆中断通话。他会说:"女孩(人质)现在要上厕所了""女孩要给她家人打电话""女孩想要吃点儿东西"。

乔在与对方保持通话这方面做得很好,但他受警察部门当时所使用的谈判方式的局限。当时的谈判方式是一半"侃大山"加另一半"销售人员策略",核心是尽一切办法说服、逼迫或者操纵谈判进程。但问题是,我们过于心急,过于急迫地想速战速决,想成为问题的解决者,而不是一个"人的驱动者"(people mover)。

过于急躁是所有谈判者都容易犯的错误之一,如果我们过于心急,对手就会觉得自己说的话没有被倾听,导致我们营造和谐安全氛围的努力付诸东流。现在已有许多研究表明,任由时间流逝是谈判者能使用的最重要的手段之一。当你把节奏放慢,你也能冷静下来,毕竟人在侃侃而谈的时候,总没有精力开枪。

当劫匪们吵着要吃饭时,我们抓住了一个破绽。乔反复和他们联系,讨论他们想要吃什么,以及我们去哪儿给他们找这些食物。食物问题本身就变成了一场谈判。我们准备好了所有食物,打算用一种机器人装置送进去,因为这样做他们会觉得安全。但在这之后,匪首的态度突然大转变,不再让我们提吃饭的事,说他们已经在银行里找到了一些吃的。他们就是这样一个花招儿接着一个花招儿，一个烟幕弹接着一个烟幕弹。我们觉得自己取得了一些进展，但对手却可以突然变卦、突然挂电话或者突然改变主意。

与此同时，我们的探员利用这段时间调查了停在附近的几十辆车的登记情况，并找到了每一辆车的车主进行了调查谈话。只有一辆车没有找到车主，车主名叫克赖斯特·沃茨，这成为我们当时唯一的线索。我们利用在电话里和对手反复纠缠的时间，派一队探员赶到了克赖斯特·沃茨登记的住址，他们在那里找到了认识沃茨的人，并请他到现场指认。

我们无法看到银行内部的景象，所以只能让我们的证人通过接听电话来判断。果然，他从声音确认了克赖斯特·沃茨的身份。

我们现在能够更多地了解对手，这使我们占据了上风，而他还以为我们仍被蒙在鼓里。我们把案件的各个碎片拼接起来，仍然无法找到结束对峙的关键信息——我们仍然无法确定到底有哪些人在对面的建筑里。没有这些信息，我们就无法保证人质安全，无法解救人质，也无法抓住坏人。

声　音

5个小时过后，我们陷入了僵局，于是负责这个工作的指挥官让我接替乔谈判。从根本上说，这是我们为了防止武力升级能够采取的唯一策略。

我们现在已经知道对手叫克赖斯特·沃茨了。他习惯性地随时挂断我们的电话，因此我的任务就是设法让他不停地和我们说话。我采用"深夜电台主持人的声音"的策略，用深沉、温柔、缓慢，以及令人心安的声音和他对话。我收到指令要迅速地抓住沃茨的身份问题和他对峙。我接替乔接起电话的时候，也没有给对方任何提前告知，这与正常协议不符。纽约警察局的指挥官动作迅速，很想改变局面，但这样做很容易适得其反。所以这个平缓的声音是缓和这场对峙的关键。

克赖斯特·沃茨在电话里听到我的声音，立刻打断我。他喊道："嘿，怎么不是乔了？"

我说："乔走了，我是克里斯，现在我和你通话。"

我并没有把他的话当成一个真正的问题来回答，我用一种下降的语义来表达，同时在语音上使用降调。深夜电台主持人的声音是最恰当的描述，这是一种冷静而理性的声音。

当你有意使用一种谈判术或方法时，容易全身心关注自己要说的话和要做的内容，而不是从整体上把握自己的举止和表达，但这两项其实是最容易实施，也是最能产生立竿见影效果的。我们的大脑不仅处理和理解对方表层的动作和语言，也处理和理解对方行为和情绪的社交意义。从一种潜意识的层面上讲，我们对他人思想的理解并不是自己思考出来的，而是通过完全理解他人的感受得到的。

我们可以把它看作一种不自觉的神经感应——我们每一个人在每个时刻都随时在向周围的世界发出信号，告知世界我们是在准备游戏还是战斗，大笑还是哭泣。

当我们释放出温暖和接受的信号时，对话就很容易流畅地进行；当我们带着满意和热情的光芒走进房间时，就会把别人吸引过来；当我们向街边的路人微笑时，路人也会用他们的微笑回应。了解这种回应反射并将其付诸实践，对于要学习的几乎所有谈判技巧的成功都至关重要。

这也是为什么在任何语言沟通中，你最强大的工具是你的声音。你可以用自己的声音随心所欲地敲开对方的心门，打开对方情绪的开关，帮助对方从不信任走向信任，从紧张走向平静。在那个时刻你会发现，正确的表达就像按动开关一样干净利落。

对于谈判者而言，有三种语调可以使用：深夜电台主持人的声音、正面而幽默的声音和直接而坚决的声音。先不要想直接而坚决的声音，除极个别的情形外，使用这种声音基本上是自绝后路，无法进展。如果你这样做，就是在发出想要掌控对方的信号，你会得到对方为了摆脱控制而进行的攻击性、反击性的回应。

大部分时间里，你应该使用正面而幽默的声音，这是一种随和的、好脾气的人应有的声音。你通过这种声音传递出轻松和鼓励的态度。这种声音的关键在于，说话的时候要放松和保持微笑，即便是在讲电话，一个微笑也会让语音产生变化，对方是能感受到这种变化的。

这些声音所产生的影响是跨越文化的，并且不会在翻译的过程中消失。一个在黑天鹅集团工作的讲师和他的女朋友去土耳其度假。他在伊斯坦布尔大街小巷的摊位闲逛时发现，他的女朋友总是能和小贩们谈成一个不错的价格，这让他感到迷惑，并且有一些尴尬。对于中东那些摊位的小贩而言，讨价还价是一门艺术，他们的情感策略非常老到，他们会用热情和友好的手段把你拉到他们的摊位前，给你一个双方互惠的价格来卖货赚钱，但这需要双方默契地配合才能成交。我们的这个讲师仔细观察他女朋友的行为，发现了其中的奥秘——她把与每个小贩的接触都当成一场有趣的游戏，因此无论她出价时有多么咄咄逼人，她始终保持的微笑和幽默都征服了小贩，最终取得了成功的结果。

当人们的思考始终保持在一个积极的框架之内时，他们的思维便会更迅捷，也更容易展现出合作姿态和解决问题（而不是争斗和抗拒）。对微笑的一方和接受微笑的一方来说都是如此，你脸上的一个微笑，以及你声音里透出的微笑，都将让你的思考变得更加敏锐。

对于劫匪克赖斯特·沃茨而言，他并不是在做游戏。深夜电台主持人的声音是这样发挥作用的：当你用降调说话时，你说出的内容是带有伪装的，缓慢而清晰地说话，你传递的信息是"我是在控制自己"；当你用升调说话时，你是在寻求对方的回答。为什么会这样说呢？因为你带给对方的是自己心里的不确定。你虽然用了陈述句，听起来却像是一个疑问句，从而你就为对方主导性的对话打开了方便之门。因此我说话非常小心，用肯定的语气来保持平静。

在合同谈判中，如果某个条款不容易谈妥，我可能会使用同样的声音来解决。比如说，我们在谈一个雇佣条款时，我可能会说，"我们不做被雇佣的工作"，就是这样平淡、简单而友好地直说。我不会向对方提供其他选项，因为那样做只会产生更多讨论，因此我直接阐明我的观点。

这就是我的做法。我直接告诉他乔已经走了，他现在需要和我谈判。

对方没有再纠缠。

你可以直达主题，只要你能营造出一种安全的氛围，而营造氛围的方法则是用一种恰当的语调说出"我没问题，你也没问题，我们一起解决问题吧"。

峰回路转的是，克赖斯特·沃茨有些慌乱了，但他手里还有一些伎俩——一个劫匪走到地下室抓住了一个之前逃进那里的女柜员，克赖斯特·沃茨和他的同伙当时并没有去追她，因为他们知道她无路可逃。而现在，一个劫匪把她从地下室拖了上来，把电话塞到她的手里。

她在电话里说："我没事。"再也没有其他的话。

我问："你是谁？"

她回答："我没事。"

我想让她保持通话，所以问她叫什么名字，她却离开了。

克赖斯特·沃茨的这一招儿耍得很聪明，这是一个巧妙而间接的示威，用一个女性的声音来试探我们。这是匪徒们的策略，想让我们知道即使他们不直接让对峙升级，也可以在电话那头对我们发号施令。此举还证明了"人质活着"，让我们确信他手里确实握有人质，这足够让他们有筹码和我们在电话里谈判，同时不让我们得到更多有用的信息。

他成功地夺回了一些谈判中的控制权。

重复对方的话

克赖斯特·沃茨又回到了电话那头，装作什么都没发生过似的。很明显，他有一点儿急躁，但现在他还保持着谈话。

"我们排查了街上的每一辆车，并和每辆车的车主都联系上了，除了一辆车的车主。"我对沃茨说，"我们发现这里有一辆蓝灰色的面包车，除了这辆车，其他车我们都找到了车主。你知道这是怎么回事吗？"

"这辆车停在了门口，因为你们把我的司机吓跑了……"他脱口而出。

"我们把你的司机吓跑了？"我重复了他的话。

"是的，他看到警察之后就不干了。"

"我们完全不知道这个司机的情况，他是开面包车的人吗？"我问。

我不断重复着沃茨的话，而他在不知不觉中承认了很多重要的信息。他开始向我吐露大量信息，他透露了我们之前不知道的那个同伙的情况，这帮助我们确定了门口这辆车的司机的情况。现在这个方法也被我们应用到了商务咨询中。

重复对方的话，也叫作"趋同行为"（isopraxism）。它的核心是模仿，是人类（和其他动物）表现出的另一种神经活动。在这个过程中，我们相互重复对方的言行以获得确认。这种重复可以使用在言语模式、肢体语言、词汇、语速和语调上。重复基本上是一种无意识的行为，发生的时候我们往往意识不到。这是一个信号，表明双方开始紧密联系，步调一致，开始建立起一种趋向信任的和谐关系。

这是一种现象（现在是一种技术），依据的是非常原始却深刻的生物学原则——我们害怕与众不同，于是趋于寻求同类。俗话说，物以类聚，人以群分。因此,有意识地重复对方的语言,是一种不断强调双方相似点的艺术。"相信我",这是重复对方言行过程中,潜意识里提供的信息,"你和我是同类"。

当你理解了这个道理,你会发现重复无处不在:情侣在街上散步时,迈着同样节奏的步伐;朋友在公园里聚会时,会同时点头,同时交叉盘腿。用一句话总结就是,言行相同的人,他们在心灵上已经建立起了连接。

重复往往也和非语言沟通相关,特别是肢体语言。谈判者的注意力往往集中在文字的"重复"上,而不集中在肢体语言上。不是口音的重复,也不是语调或表达方法的重复,他们只关注文字的重复。

重复的方法简单得令人难以置信:对于FBI而言,"重复"指的是重复对方最后说的3个单词(或者3个单词中最重要的那一个)。在FBI整套人质谈判术中,重复是最接近心灵的诀窍。因为它简单易行,而且行之有效。

通过重复对方说的话,你就能激发人的"重复本能",你的对手就会毫无悬念地开始解释自己最后说的话,从而维持双方的交流。心理学家理查德·怀斯曼(Richard Wiseman)进行了一项研究。他通过对服务员的观察,找到了能让陌生人建立起最有效沟通的方法:一种是重复,另一种是积极肯定。

他找来一群服务员,利用"积极肯定"的方法,用"非常好""没问题""当然"一类的语言,向客人传递赞扬和鼓励;又找来另一群服务员,只让他们简单地重复客人的要求。结果令人惊讶:使用"重复"方法的服务员比使用"积极肯定"方法的服务员平均多得70%的小费。

我决定现在要直呼他的大名了,要让他知道我们已经锁定他的身份了。我说:"是有一辆车在门口,这辆车的登记人是克赖斯特·沃茨。"

他说:"好吧。"

他没有再说其他的。

我问:"他在银行里吗?是你吗?你是克赖斯特·沃茨吗?"

从我的角度来看，这是一个愚蠢的问题，这是一个错误。为了让我们"重复"的方法更有效，我应该静静地等待它发挥作用，这时需要沉默。我却完全跳出了自己设定的"重复"的方法。当我说完这些，我就想把这些话收回来。

"你是克赖斯特·沃茨吗？"

这个家伙到底会怎样回答呢？当然，他回答说："不是。"

我办了一件蠢事，让克赖斯特·沃茨找到了一条躲避正面交锋的路，但无论如何他已经变得急躁了。在这之前他一直以为自己的身份还未被警方掌握，在他的幻想里，他还是有一条出路的，似乎能够瞬间回到从前，就像什么都没发生过一样。但现在他知道情况已经变了。我控制了一下自己的情绪，把语速放慢了一点儿，这次我只重复了对方的话："不是？你之前说的是'好吧'。"

我想现在自己又控制住他了，因为他的声音走调了。他最后又唐突地说了一些东西，吐露了更多的信息，变得慌乱不堪，最后干脆不再和我说话。突然，他的同伙——我们后来知道他叫博比·古德温（Bobby Goodwin），接过了电话。

我们之前一直没在电话里听过这个劫匪的声音，我们虽然知道不是克赖斯特·沃茨一人作案，但不清楚他到底有几个同伙。而这个第一次接电话的劫匪以为，警方的谈判专家还是之前的乔，因为他仍在不停地叫我"乔"。这让我们明白，他一开始就参与了谈判，但在对话过程中他的参与度降低了。

至少让我们了解到这些绑匪并不是铁板一块，但我并没有急着跳出来指出这点。

而另一件事引起了我的注意，第二个接电话的绑匪好像是用毛巾或汗衫捂着嘴说话，甚至让人觉得他嘴里好像咬着布条。从所有他竭力掩盖真实声音的行为来看，他的内心明显是恐惧的，他很紧张，暴跳如雷，随着时间的流逝，他对这场僵局会如何发展而感到焦虑。

我努力让他放松，依然使用降调说话。我说："谁都不会轻举妄动。"我接着说："也不会有人受伤。"

大约过了一分半钟，他的暴躁似乎消失了，捂着嘴说话的声音也不见了，他的声音变得清晰。这时，他说："我相信你，乔。"

我和第二个绑匪通话的时间越长，就越觉得他并不希望落到现在这般境地。这个名叫博比的绑匪，明显渴望脱离现在的困境，希望全身而退。他已经深陷其中，但他不想越陷越深。在他刚计划打劫银行的时候，并没有考虑要退出，但当他从电话另一头听到我平静的声音后，看到了一条出路。世界第七大武装力量——纽约警察局正在门外全副武装，虎视眈眈，他们正瞄准着他和他的同伙。显然，博比渴望能平安地走出银行的大门。

我不知道博比在银行里的位置，也不知道他是否成功地离开了同伙的视线，抑或是在克赖斯特·沃茨的监视下和我通话。我只知道他已经把所有注意力都放到我身上了，他正在寻找结束僵局的办法，至少打算终结他在这场劫案中的角色。

我后来了解到，在我们通话的间歇，克赖斯特·沃茨把大量现金藏进了银行的墙里，他还当着两个女人质的面烧掉了几堆钞票。这是一种怪异的举动，但对于一个像克赖斯特·沃茨这样的家伙而言，这样做是有逻辑可循的。很显然，他的想法是，如果他烧掉了5万美元，而银行最后发现丢失了30万美元，可能就不会去追究剩下的25万美元去哪儿了。这是一种有趣的逻辑，虽然不够聪明，但很有意思，显示出他是极为在意细节的。至少在克赖斯特·沃茨的设想中，如果他能逃出今天他自己造成的困局，他就会保持低调，躲过风头，在未来的某天再回来取走藏匿在墙里的钱，而这些钱也不会计入银行的账本里。

我对第二个绑匪——博比的欣赏之处是，他不在电话里和我玩任何花招儿，他说话直来直去，因此我也可以不绕弯地和他对话。我用什么方式提问，他就用什么方式回答，他对我的提问也是如此，因此在这点儿上我们是一致的。经验告诉我，我现在要做的是让他与我保持通话，他就会幡然醒悟，我们要设法让他走出银行，无论他是否和克赖斯特·沃茨在一起。

我的一个同事递给我一张纸条，上面写着："问问他是否愿意出来。"

我问："你是否想要第一个走出银行？"

我停顿了一下，保持沉默。

"我不知道怎么才能做到。"博比终于开口说道。

"现在有什么妨碍你出来？"我问。

"我怎么才能出来？"他又问了一遍。

"我告诉你怎么出来。你现在就从银行正门出来和我见面。"

这是我们取得突破的时刻，但我们还是要帮助博比出来，而且要让他知道我会在大门的另一边等着他。我对他做了承诺，我会是那个接受他投降的人，而且他不会受到伤害，现在是他该采取行动的时候了。在需要采取行动的阶段，十之八九是最困难的。

我们的团队开始手忙脚乱地做准备。我穿上了一件防弹衣。我们通过监视器查看现场，认为如果有必要的话，我可以躲到我们停在银行门口的一辆大卡车后面寻求掩护。

接下来，我们就进入这种令人抓狂的情境中，一方完全不知道另一方会做什么。我们发现银行的大门被从外面堵上了，这是一开始我们为了防止劫匪逃跑所采取的措施。我们当然或多或少应该知道这个情况，但当我们开始处理博比投降和走出银行这些问题时，我们的大脑进入了休眠状态，把这个细节问题忘得一干二净。特种部队里没有一个人提醒谈判小组这个重要的细节，因此花了这么大的精力，博比还是无法走出来。我的胃里觉得一阵恶心，就因为这个细节问题，之前所有的努力都要付诸东流了。

于是，面对这个情况，我们开始竭力补救。特种部队的两个队员在盾牌的掩护下，持枪靠近银行大门，很快就把门锁和门外的障碍物拆除了。即使到了这个时候，他们还是不知道在门的那边需要面对怎样的情况。这是一个超级紧张的时刻，在门后面可能有十几支枪正对着他们，但他们别无选择，只能小心翼翼地向前挪动。特种部队的这些人刚毅坚强，他们打开了门锁，后退，最终我们可以走上前去。

博比走出来了，他双手高举。我在他出来之前特地告诉他一系列要注意的事项，告诉他该怎么做、会遇到什么样的情况。一群特种部队的队员将他扑倒了，博比扭过头张望，喊道："克里斯在哪里？带我去见克里斯！"

最终，他们把他带到了我面前，在临时指挥所里对他进行了简单审问。直到这时，我们才知道银行里竟然只有两个绑匪，这让指挥官无比震惊。我后来才知道这些情况，但我可以理解指挥官为什么在如此戏剧性的变化下感到愤怒和尴尬。因为一直以来，他面对媒体时都侃侃而谈，声称里面有一大群坏人——一群来自世界各地的坏人，还记得吧？但现在发现这只是两个劫匪干的，而其中一个劫匪不想同流合污。这让众人觉得指挥官对局势并没有什么掌控力。

如我所说，我们之前也不知道指挥官的反应，所有我们知道的都是靠这些最新情报才了解到的。我们已经比之前的设想更接近最终目标了，这是一种积极的进展，可喜可贺。虽然指挥官还在愤怒之中，但基于我们现在对情况的了解，剩下的谈判将会容易得多。但指挥官可不喜欢被捉弄，于是他找来纽约警察局技术协助反应小组（TARU）人员，命令他们在银行里安装监视器、麦克风之类的东西。

鉴于我和博比在电话里很亲密，指挥官命令我离开，他换了一个中意的谈判专家继续接听电话。这个新的谈判专家使用的方法和我一样，他说："我是多米尼克，你从现在开始将和我对话。"

多米尼克·米西诺（Dominick Misino）是一个杰出的人质谈判专家，在我看来是世界上最优秀的"谈判终结者"，这个称谓指的是最终敲定具体条件，并达成交易的人。他从不慌乱，并且在专业上非常出色。

这是事实，在都市生活的人总是充满智慧。

多米尼克高歌猛进，但这时发生了一件令人诧异的事，几乎让我们前功尽弃。就在克赖斯特·沃茨与多米尼克谈话时，克赖斯特·沃茨突然听到电动工具在他背后的墙上打洞的声音。这正是纽约警察局技术协助反应小组的人员奉命往墙里安装一个窃听器，但偏偏在错误的时间安装到了错误的位置上。克赖斯特·沃茨已经十分急躁了，他的搭档抛弃了他，让他独自面对风浪；而现在他又听到有人在自己背后钻墙，因此他一下子就被激怒了。

他的反应犹如被逼到墙角的困兽，他骂多米尼克是个骗子。虽然他在电话那头暴跳如雷，但多米尼克还是镇定自若。多米尼克最终用自己的冷静让克赖斯特·沃茨平静了下来，使他在暴怒中降了温。

后来再回顾时，我们发现，在谈判的最后阶段安装窃听器是一个愚蠢的行为，只会导致挫折和疯狂。我们已经把一个劫匪弄出了银行，但现在我们还要再采取办法控制局势。剩下的那个劫匪已经快成了失控的火药桶，这时再去惊吓他，绝对不是一个好主意。

随着多米尼克慢慢理顺局势，克赖斯特·沃茨开始与我们相向而行。他说："我释放一个人质怎么样？"

这好像非常突然，多米尼克似乎还没打算提出要求，克赖斯特·沃茨就轻描淡写地给出了他的方案。在我看来，他提出要释放一个人质，这在谈判最后的僵局阶段似乎并没有什么大不了。在他看来，这点儿妥协可能会让他赢得更多时间，找到脱逃之路。

多米尼克一如既往地保持冷静，但也立即抓住了机会。他希望先和人质通话，以确认一切都按着正常的轨迹进行。于是，克赖斯特·沃茨就把一个女人质带到了电话前。这个女人质一直在关注事态发展，她知道在博比想要投降的时候闹出了一些动静，所以即使她还处在极度恐惧中，仍不忘询问银行大门的细节问题。这显示出一种坚韧——即使受到惊吓、被绑架、被虐待，但仍然有智慧。

她问："你有银行前门的钥匙吗？"

多米尼克说："前门是打开的。"

确实如此。

一个女人质最终成功走了出来，她没有受到伤害。一个小时之后，另一个女人质也走了出来，同样毫发无损。

我们设法让银行保安脱困，但我们从两个已经脱困的银行柜员的描述中无法确定保安的情况，我们甚至不知道他是否还活着。在今天一早抢劫发生之后，她们就再也没见过他。他可能心脏病发作，也可能已不在人世，现在我们无法得知实情。

克赖斯特·沃茨总感觉手里似乎还有最后一张牌，他想快速出牌，但被击败出局，然后提出他将走出银行。他突然现身在银行门口，令人感觉奇怪的是，他似乎想利用这一瞬间查看外面的动静，好像觉得他还有转机逃避抓捕似的。直到警察把手铐铐到他手上，他还在用目光前后扫视，似乎还在寻找机会。聚光灯打到他的身上，他完全被警方包围了，但在他的计划深处，似乎觉得自己还有一线生机。

那真是漫长的一天，但它作为一个成功案例记录在本书里。没有人受伤，而坏人也被绳之以法。虽然通过这段经历，我认识到自己还需要学习很多东西，但我也领悟到情绪、对话的强大基础性力量，以及 FBI 的心理学技巧和方法，用好这些工具就能在任何环境下影响和说服任何人。

在世界上最高风险的谈判领域历练的这几十年中，我一次又一次惊讶地发现，这些看似最简单的方法却能发挥惊人的价值。它们有能力潜入对手的思维中，潜伏于皮肤之下，而前提是要利用好这些技术，并且灵活改变自己的行动方案。我和商界高管以及大学生一起研究和发展这些技术，我总是反复强调：要成功地进行谈判，做正确的事并不是最关键的，最关键的是要有正确的思维方式。

如何对抗—找到出路—避免冲突

我半开玩笑地把"重复"的技巧说成是一种魔法或心理把戏，因为这样可以让你表达不同意，却让对方无法反对你。

如果想知道这个方法有多实用，你可以设想一下工作中的环境：不可避免地，总有一些当权者通过带有攻击性的言论，有时甚至通过直接威胁来获取领导权。他们总是以传统式的姿态居高临下，用"老板永远是正确的"理论来发号施令。但我们也不要被这种现象迷惑，无论现代世界的重要规则有多少，在每个环境中（工作或其他方面），你总要面对强迫型的人，他们希望别人服从地合作。

如果你把两只带有攻击性的斗犬关在一起，结果只会弄得一团糟，带来无数的心灵挫伤和仇恨。幸运的是，我们有办法避免这种糟糕情况的出现。

只要做到以下简单的五步：

- 使用深夜电台主持人的声音；
- 开口的时候先说"对不起……"；
- 重复对方的话；
- 沉默，至少沉默 4 秒钟，让重复的神奇效果在对方身上发生；
- 重复以上 4 步。

我的一个学生亲身感受过上述简单步骤产生的效果。

工作中，她冲动的老板以"随心所欲"而闻名：他随时会大发雷霆，会不打招呼就闯到下属的办公室或工位上；他布置的"紧急任务"并不经过周密的思考，往往造成下属毫无意义地疲于奔命。在过去，只要下属稍有一点儿反对意见，就会立即招来他变本加厉的反击。这种老板总是把"你能找到的更好办法"看作"一种偷懒的办法"。

这种随心所欲在整个冗长的工作过程中随时都在发生，直到最后这个员工做出了一份几千页的文件，但老板还是对任何关于"电子"的东西表示怀疑，他认为拿到纸质文件才算保险。

老板把头探进她的办公室说："我们把所有文件复印两份吧。"

"对不起，您说的是两份？"她用重复对方语言的方法进行回答，她不但记得使用深夜电台主持人的声音，还使用非疑问语气重复老板的话。对于大部分重复语言来讲，背后传递的意思是，"请帮助我再理解一下你的话"。每当你重复对方的话时，对方都会重新组织语言表达他的意思，他们不会一字不差地重复一遍。如果你的问法是，"你说的是什么意思？"那么你很可能向对方传递冒犯的意味，或让对方产生防备。然而，用重复的方法你就能得到你想要的清楚的信息，同时向对方发出了尊重的信号，显示你对他说的话很关注。

"是的，"她的老板回答说，"一份留给我们，另一份送给客户。"

"对不起，您的意思是客户提出要一份纸质文件，而我们也需要一份作为内部使用？"

"实际上，我需要再和客户确认一下，他们并没有提出这个要求，但我确实需要一份，这是我的工作习惯。"

"没问题，"她回答说，"感谢您再去和客户确认。那么，我们把内部使用的这份存在哪里呢？文件室都已经装满了。"

"没关系,你随便存在哪里都行。"他一边说一边已经有点儿动摇了。

"随便存在哪里?"她再一次重复了老板的话,语气平静还带着关切。当对方的语调或肢体语言和说出口的话明显不一致时,使用重复的方法将立竿见影。

在这个例子中,重复的方法完美地让她的老板陷入了一段长时间的沉默,这在以往并不常见。我的这个学生安静地坐着等待。"其实,你可以把文件放到我的办公室里。"他镇定地说,比他在之前整个对话都要镇定,"等这个项目完成之后,我让新来的助理帮我打印。现在先发两份电子版的吧。"

一天之后,她的老板发了电子邮件,邮件里只是简单地写道:"两份电子版的文件就可以了。"

不久之后,我收到这个学生发来的一封热情洋溢的邮件。她写道:"我简直惊呆了!我太喜欢'重复'这种技巧了!这让我避免了一个星期无用的工作!"

当你第一次使用"重复"这种方法时,你会觉得它笨拙得要命,这也是这种方法最难的地方,你需要反复练习;当你能驾驭这种方法时,它就变成了谈话中的瑞士军刀,在每一个专业的场合或社交的场合都能发挥作用。

学习要点

谈判的语言从本质上说是一种对话、沟通和协商一致的语言,是一种迅速建立起关系,让人们一起沟通、思考的方法。这也是为什么当你问我谁是当今最优秀的谈判者时,我会给你一个出乎意料的答案——美国脱口秀女主持人奥普拉·温弗瑞(Oprah Winfrey)。

她每天的电视脱口秀节目都是一次杰出的谈判实践工作案例:她在舞台上与陌生人面对面,台下的摄影棚里有几百名观众挤在一起,还有几百万观众正在家中观看，而她的任务则是说服面前的嘉宾放弃自己的最大利益，和她对话并保持交谈，最终让嘉宾与世界分享他们内心深处的黑暗秘密，而这些秘密他们原本打算在心里埋一辈子的。

我们在读过本章的内容之后，再仔细观察这种语言交流，你就会发现一系列经过优化的强大谈判工具：有意识地用微笑来缓解紧张气氛，用微妙的语言和非语言传递同情的信号（从而获得安全感），使用一种降调的语音，使用特定的问句而不随便使用其他问句。这是一系列之前你并没有发现的隐藏技巧，一旦学会，将对你大有裨益。

以下是本章中需要记住的几个关键知识点：

·一个优秀的谈判专家要时刻准备面对意外情况，而一个伟大的谈判专家则会使用技巧来预知接下来必然会出现的意外情况。

·不要想当然，而要把自己的直觉作为假设，在谈判中严格地辨别它们的真伪。

·把谈判看作争吵和战争的人，他们的头脑就会被各种声音占据。谈判不是战争行为，而是发现的过程，它的目标是揭示尽可能多的信息。

·要想让你脑袋里的争吵声停下来，就要全身心地关注对手和他们说的话。

·慢下来。动作太快是所有谈判者都容易犯的一个错误。如果我们太心急，对方就会觉得自己没有被仔细倾听，这就可能会损害你努力建立起来的和谐和信任的关系。

·脸上挂着微笑。如果人们是在一个积极正面的框架里思考，他们的思维会更敏捷，更容易合作和解决问题（而不是抗争和抵抗）。积极正面能够让你和你的伙伴在心理上都变得更加机敏。

对于谈判者而言，有三种语调可以选择：

一、深夜电台主持人的声音：选择性地使用以达到目的。用降调说话，保持冷静和缓慢的语调。这种声音使用得当，你就能建立起权威和信任的氛围，并且不会因此触发对方的防御心理。

二、积极而幽默的声音：应该是你默认使用的声音。这是一个随和、好脾气的人的声音。你展现的态度是轻松和具有鼓励性的。这里的关键是你在说话的时候要放松和微笑。

三、直接而坚决的声音：这种声音很少使用，容易产生问题和遭到抵触。

重复的作用十分神奇。重复对方说的最后3个词（或者引用3个词中的一个），我们害怕与众不同，而希望和别人相似，这有助于建立人与人之间的密切关系。使用重复的方法来鼓励对方，强调对方与你之间的联系，让对方持续说话，你可以赢得时间重组语言，也可以使用这个方法诱使对方透露他们的战略构想。

第三章
体会他人痛苦，不如把他们的痛苦"标注"出来

如何利用策略性的
共情建立信任

那是在 1998 年，我站在纽约哈林区一座大厦 27 层的窄小过道里。那时候，我是纽约 FBI 危机谈判小组的负责人，在那天的案子里我是主要的谈判专家。

探员报告称，至少有 3 名携带大量武器的越狱逃犯被包围在了那里。数天前，这些逃犯使用自动武器和另一群黑帮进行了枪战。纽约 FBI 特种部队队员在我身后戒备，狙击手也在附近的屋顶上瞄准了窗户。

在这样紧张的情形下，按照传统的谈判建议，谈判者应该用严肃的态度处理，避免带有情绪色彩。直到今天，大部分学者和研究人员还是会完全忽视情绪在谈判中起到的作用。在他们看来，情绪是获得满意结果的障碍，"应该把人和问题分离开"是常见的说法。

试想一下：当情绪本身就是问题时，你如何把人和问题分离开呢？更何况，这次遇到的匪徒是持枪的惊弓之鸟。情绪是让沟通偏离正轨的主要因素之一，当一个人对另一个人失望时，理性的思考也烟消云散了。

这就是为什么一个好的谈判者不会否认或忽略情绪，而是想方设法去了解和影响情绪。他们能够精确地"标注"各类情绪，包括别人的情绪，也特别关注自身的情绪。当他们完成情绪的标注之后，再谈到情绪时，就不会紧张无措了。

情绪并不是障碍，它意味着方法。

一个有情绪的谈判专家和对手之间本质上是一种治疗和被治疗的关系，就好像是心理医生和病人一样。心理医生反复试探、了解病人的问题，通过给病人反馈，从而引导病人更深入地阐述病情并在行为上做出改变，这也正是优秀的谈判专家所做的。

一个人的情商想要达到这个程度，就需要打开心灵感官，少说多听。你能了解到几乎所有你需要的信息，甚至能够了解到许多别人并不打算让你知道的信息。做到这一点的方法很简单，只需去看、去听，保持自己耳聪目明，同时闭上嘴巴。

在你阅读本章接下来的部分时，请想象一下心理医生的长沙发。你会发现，平稳的声音、仔细的倾听、平静地重复你的"病人"的话，将会比冷酷和理性的争论让你取得更大的进展。

可能这个听起来有点儿过于情绪化，但如果你能洞察对方的情绪，就能把它转变成你的优势。你越了解一个人，就越强大。

策略性的共情

那天，我们在哈林区遇到了大麻烦——我们没有房间里的电话号码，所以无法打电话进去。在我站在房间门口开始喊话之前的6个小时里，两个正在学习危机谈判的FBI探员正在努力工作，让气氛有所缓和。

我使用了深夜电台主持人的声音。

我没有用这个声音发号施令，也没有问这些逃犯想要什么。相反，我在设想如果自己面对他们的处境会怎样想。

"似乎你们并不想出来。"我再三地说，"你们担心一旦打开房门，我们就会开着枪冲进来。似乎你们并不想回到监狱里去。"

在过去的连续6个小时里，我们没有得到他们的任何回应。FBI的指导专家很喜欢我的深夜电台主持人的声音，但这能起效果吗？

后来，当我们几乎认为房间里其实并没有人的时候，潜伏在附近建筑的一个狙击手通过无线电告诉我们,他看到房间里有一扇窗帘动了一下。

房门缓缓地打开,一个女人双手放在身前走了出来。

我继续对他们喊话,3名逃犯都走了出来。直到被戴上手铐,他们都一言不发。

在这之后我问了他们一个问题,这个问题已在我心里困扰许久:为什么你们6个小时没有反应,却最终决定走出来?为什么你们最后投降了?

3名逃犯给我的答案完全一致。

"我们不想被抓或者被警察射杀,是你让我们平静下来了。"他们说,"我们最终相信你不会甩手不管,所以我们就出来了。"

对于一个谈判者来说,最令他感到挫败的不外乎是对方并没有听他说话。装聋作哑是一种有用的谈判技巧,"我听不明白"是一种无懈可击的反应。但是忽略对方的处境,只会让对方增加挫败感,更无法让对方按照你的意愿行动。

与此相反的做法,就是运用策略性的共情。

在我的谈判课上,我会告诉学生,共情是一种洞察对方想法,以及用语言表达出来的能力。从学术的角度来阐述,共情就是对另一个人类个体加以关注,询问对方的感受,并许诺理解对方的世界。

请注意,我并没有说任何同意对方价值观或信仰的话,也没有给他们拥抱,那样做只是同情。我所说的是努力站在对方角度去理解形势。

在这个基础上更进一步的是策略性的共情。

策略性的共情,是指理解他人感受和想法的同时,能听到这些感受背后的声音,并在接下来的交流中对他人产生影响。对此,我们也要注意情感障碍和达成协议的潜在路径。

这时候是情商在发挥主要作用。

当我还在堪萨斯城当警察时，我很好奇那些老练的警察是如何让那些愤怒而暴力的人停止打斗，并让他们放下刀枪的。

当我问他们这个问题时，他们除了耸耸肩，并不能说清楚他们是如何做到的。但我现在知道答案了，这就是策略性的共情。他们在对话时能够从他人的立场和观点思考，并立刻分析出他们背后的驱动力是什么。

我们大部分人在发生语言争执时，很难在任何事情上说服别人，因为我们只知道关心自己的目标和看法；但最好的警察能转而为对方考虑，做他们的听众。他们知道如果显示出共情，就能通过自己的言行来引导对方。

这就是为何一个负责管教的警察预期他的管教对象会反抗，结果往往就会反抗；但如果他带着平静的态度去工作，被管教对象也会变得平和。这看起来很奇怪，但实际上并不奇怪。因为警察在自己的脑海里对他的听众有着清晰的理解，他能根据需要改变自己，以此来掌控局面。

共情是一种经典的"软性"沟通技巧，但有其自己的心理学根据。当我们近距离观察一个人的表情、动作和语调时，我们的大脑就开始与对方联结，这个过程叫作"神经共鸣"（neural resonance），这让我们能更全面地了解对方的所思所感。

普林斯顿大学的研究员在一项功能性磁共振成像（fMRI）扫描实验中发现，如果两人交流不畅，神经共鸣也就消失了。研究员可以根据人们大脑的连接情况来推测他们沟通的质量。他们发现，最专注的倾听者能在说话人开口之前就预测他将会说什么。

如果你想要提高你的神经共鸣技巧，可以立即着手开始练习了。请把你的注意力集中到附近一个正在说话的人，或仔细观察一个在电视上接受采访的人。当他们在说话的时候，设想你就是那个人，然后形象化地想象你正在他们的位置上，尽可能多地设想各种细节，就好像你真的就在那里一样。

请注意，很多传统的谈判者会认为你的这种做法是软弱的表现。

你可以去问一问美国前国务卿希拉里·克林顿（Hillary Clinton）。

几年前，克林顿在乔治敦大学（Georgetown University）的一次演讲中说道："请显示你对对方的尊重，哪怕是对敌人也一样。努力去理解他们，并在心理学上尽可能对他们的期待和想法做到感同身受。"

你可以猜到接下来会发生什么。一群学者和政客对她口诛笔伐，他们指责她的演讲是愚昧的、天真的。有人说她的演讲把她竞选总统的机会都毁掉了。

先把政治放到一边不谈，共情并不是指对别人友善或赞同，而是指理解他们。共情帮助我们了解敌人的处境，理解他们所作所为（对于他们自己）的意义，明白什么力量能改变他们。

因为共情的方法非常有效，所以我们作为谈判者就要学以致用。正是共情发挥了作用，才使那3名逃犯愿意在藏匿了6个小时，听到我的深夜电台主持人声音的劝说后，最终走出房门。这也使我能成功地达到孙子所说的"战争的最高境界"：不战而屈人之兵。

标 注

让我们再回到哈林区的那个楼道现场简单看一下。

我们没有什么进展，如果你知道有3名逃犯被困在哈林区一座大厦27层的公寓里，但他们一个字也没向你吐露，那么他们其实恐惧两件事：被击毙或被投入大牢。

因此，两个FBI谈判学员在闷热的楼道里经过6个小时汗流浃背的工作之后，轮到我和他们说话了。我们轮流喊话，避免因为疲劳而出言不当。我们传递的信息是持续的，我们3个人说的都是同样的内容。

现在请一字一句地注意我们说的话:"似乎你们并不想出来,你们担心一旦打开房门,我们就会开着枪冲进来。似乎你们并不想回到监狱里去。"

我们使用策略性的共情的方法是,在当时的形势下洞察,然后用语言表达出能预料的情绪。我们并不是完全转换为逃犯的心理,我们定位他们的感受,并把它们变成语言,然后非常冷静并保持尊重地把他们当时的情绪重复给他们听。

在谈判中,这就叫作"标注"。

标注是一种通过认知评估他人情绪的方法。给他人的情绪命名,然后把你认为对方拥有的情绪用语言表达出来。这能让你不必询问一些外部未知的信息来套近乎(如"你的家庭怎么样"),就能迅速地和对方接近。把标注看作获得亲密关系的捷径,也是一种能够节省时间的情感黑客。

当你的对手情绪紧张时,标注会发挥特殊优势。把负面的想法暴露在光天化日之下——"似乎你们并不想回到监狱里去",这让他们看上去不那么畏惧了。

在一项人类大脑成像的研究中,加利福尼亚大学洛杉矶分校的心理学教授马修·利伯曼(Matthew D. Lieberman)发现,当给人们展示情绪强烈的人脸照片时,他们大脑中的杏仁体部分的活动变得更活跃,而大脑的这个部分负责掌管恐惧。当要求试验者对情感进行标注的时候,研究人员发现他们大脑活动的活跃区转移到了控制理性思考的部分。换句话说,当你使用理性的文字来表达恐惧(对恐惧的感情进行标注),就会干扰大脑原有的紧张。

标注是一种简单的通用技巧,能让你巩固谈判中的积极面,打散消极面。但它对使用形式和传递信息方法有着特殊的规则要求。这使标注更像一种正式的艺术形式(如中国书法),而不是普通的聊天。

对于大多数人而言,它是使用起来最别扭的谈判工具之一。在第一次尝试之前,我的学生几乎都告诉我他们担心对方会暴跳如雷:"你居然妄言我的感受！"

我来告诉你一个秘密吧，其实人们根本不会注意到。

标注的第一步是探知对方的感情状态。在哈林区的这个案子里，我们在门外甚至看不到3名逃犯的模样，但大部分情形下你可以通过对方的用词、语调和肢体语言来获取足够多的信息。我们用3个词称呼它们，即语言、音乐和舞蹈。

定位对方感受的关键是，要特别仔细地观察对方在不同外部因素的作用下，做出反应所产生的变化，这些外部因素很有可能就是你说的话。

如果你问："你家里怎么样？"对方一边说着不错，一边嘴角却往下撇，你可能就会探知到其实他家里并不好；如果在提到某个同事时，对方语调平淡，可能他们之间有过节；如果你在向房东谈起邻居时，他不自觉地挪动腿脚，就可以断定他平时并不了解邻居的情况（我们将在第九章更深入地讲述如何定位和利用这些线索）。

心理学的工作方法就是要收集这些细微的信息。心理学医生善于评估客户的肢体语言，他们会问一些看似无关紧要的问题。几分钟之后，当他们"预测"完客户的未来，就能准确说出对方想听的话，这就归功于他们观察到的细微反应。正因如此，不少心理医生都能够成为优秀的谈判专家。

当你定位到某一个情绪信息，并想要深入关注时，下一步就是大声地把它标注出来。标注可以用陈述句，也可以用疑问句。两者唯一的区别是，句子的结尾用的是降调还是升调。但无论句子怎么结尾，标注使用的语句开头，几乎都会用以下说法：

"看上去……"

"听起来……"

"似乎……"

请注意，我说的是"听起来……"而不是"我听说……"，这是因为后者会让对方警觉。当你使用"我"作为开头的时候，就在向对方表明你更加关注自己而非别人，你个人对接下来说的话负责任，但也要对可能造成的冒犯负责。

当你使用中性词语开头来陈述你的理解时，则会鼓励对方给予你反馈。他们经常会给出一个较长的回答，而非简单的"是"或"不是"。如果他们不同意你给出的标注，也没有问题，你可以退一步说："我并不是说实际情况就是如此，我说的是看起来情况似乎如此。"

关于标注的最后一条规则是保持安静。当你把标注抛给对方之后，请安静地听对方怎么说。我们经常倾向于在结束说话的时候，扩展我们说过的话。比如说完"似乎你很喜欢那件 T 恤的款式"，我们会补充一个具体的问题"你是在哪儿买的"。但是标注的强大作用在于能引诱对方透露信息。

如果你信任我，现在就请放下书本，尝试一下和别人交谈，无论对方是邮递员还是你 10 岁的女儿，请标注对方的一种情绪，然后静默等待，让标注自己发挥作用。

中和消极情感，加强积极情感

标注是一种策略，而不是一种战略，就如同勺子是搅拌汤的重要工具，而不是食谱。你如何使用标注，将在很大程度上决定你成功与否。如果能和谈判专家一样使用得游刃有余，就能慢慢改变对方潜意识里的想法，让对方变得更合作并增强对你的信任。

首先，让我们简要介绍一点有关人类心理学的知识。从根本上说，人的情感分为两个层次：一是"展示"，指的是在表面能被看到和听到的言行；二是

"潜在",指的是驱动行为的感觉。

设想一下,一个老人在家庭节日晚餐上勃然大怒。这一行为从展示性行为看,他表现出的是古怪暴躁,潜在的情感却是悲伤而孤独的,因为他的家人从不来探望他。

优秀的谈判者在标注的时候,标注的是对方潜在的情感。标注对方的消极情绪,有助于削弱情感(在一些极端案例里,甚至可以打消);标注积极情绪,则可以巩固情感。

我们稍后再讨论那个发怒的老人。现在我要先谈一下与愤怒相关的问题。

作为情绪的一种,愤怒极少有益,无论对你还是对你的谈判对手都一样。愤怒能释放出一种紧张的激素和神经化学物质,会干扰你对形势的正常评估和反应。这会让你无视事实真相,因为你一开始愤怒,带给你的就会是信任上的错误感知。

这并不是说消极情感就应该被忽视,那样做只会带来损害;反之,消极情感应该进行梳理。标注是一种能有效减弱愤怒的对抗策略,因为它能让人认识到自己的感受,而不是继续表现出来。

在我早年的人质谈判工作中,我就认识到以一种尊重的态度大胆直面消极情况的重要性。

有一次我要解决自己不慎造成的一个麻烦——我惹恼了加拿大的FBI最高官员,原因是我进入加拿大的时候没有事先通知他(他此后才能通知国务院),这个程序被称为"入境申报"。

我明白自己需要给他打个电话来平息他的愤怒,以解决这个问题,否则我可能会被驱逐出境。职位高的人喜欢高高在上的感觉,他们无法接受别人对他们不敬。除此之外,当时他们在加拿大的办公室也确实不太出名。

他接起电话时,我对他说:"原谅我吧,神父,我有罪。"

电话那头沉默了很长时间。

"你是谁？"他问。

"原谅我吧，神父，我有罪。"我重复说道，"我是克里斯·沃斯。"

电话那头又陷入了长时间的沉默。

"你的上级知道你到这里来了吗？"

我搓着手回答说："他知道。"这时，这个FBI官员完全可以在他的职权范围内命令我立即离开加拿大。但面对消极形势，我知道自己已经尽全力了。我得到了转机。

"好吧，你完成了入境申报。"他最后说，"我来处理表格文件吧。"

下次当你要为一个愚蠢的错误道歉时，可以尝试一下这个方法，注意要正确地使用它。最迅捷、高效建立工作关系的方法就是发现消极因素并化解它。无论何时，在我和人质家属打交道的时候，开始我都会说一句我知道他们饱受惊吓。当我犯了错误之后（错误经常会发生），我总是能及时认识到对方的怒火。我发现，使用"看，我就是个笨蛋"这句话，往往能达到解决问题的神奇效果。

我使用这种办法从未失手过。

我们再回头讨论那个在家庭晚宴上发怒的老人。

他之所以勃然大怒，是因为他很少见到家人，并感觉自己被抛弃了。因此，他用这种激烈的方式表达情绪，以获取关注。

你如何解决这个问题呢？

替代直接针对他发怒的行为，可以用一种非评判性的方法确认他的悲伤，才能让他在真正爆发之前平静下来。

"我们大家相互之间都不太见面。"你可以这样说，"似乎您觉得大家都不关心您，您每年才见我们一次，那为什么不多花点儿时间和我们一起呢？"

请注意我是怎样确认情况和标注他的悲伤的，然后可以停顿一下，让他认识到你理解他的悲伤，而后进一步提出一个积极的解决方案。

"对我们而言，这顿家庭聚餐太重要了。我们想要听听您想对我们说的话，我们想要珍惜和您在一起的时光，因为我们觉得被您排除在生活之外了。"

研究表明，处理消极因素的最佳方法就是观察，不要针锋相对，不要妄加评判。有意识地标注每一项负面情绪，用积极的情感、同情心和解决问题的思路代替。

有一个名叫 TJ 的人，是我在乔治敦大学的学生，他在华盛顿红皮队（the Washington Redskins）担任财务总监助理。在学习我的谈判课程期间，他就把课堂学到的知识运用到了工作中。

那段时间经济状况非常糟糕，大量红皮队季度票持有者不再续费，他们要勤俭节约。更糟糕的是，这支球队前一年表现差劲，球员在场外发生的各种丑闻也让球队失去了大批球迷。

球队的首席财务官日渐忧虑，变得暴躁不堪。赛季开始前两周的某天，他走到 TJ 的办公桌前，把一大摞文件重重地摔在了桌子上。

"一天比一天糟。"他撂下一句话走了。

这堆文件里，有一张 40 个季度票持有者不再付款的名单，一个存放着每个人情况表的 U 盘，还有给他们打电话时使用的话术。

TJ 看了一眼那些话术，知道它们会造成灾难性的后果。因为话术一开始就说，他的同事过去几个月一直在试着给季度票持有者打电话，现在问题已经升级到他这里了。"我想要通知你，"话术中写道，"为了确保你能收到下一季度首场对纽约巨人队的入场券，你需要在 9 月 10 日前支付欠费。"

这是一种愚蠢的、咄咄逼人的、冷冰冰的、缺少语调的沟通方式，在大部分商业活动中都是如此。从头到尾都是 TJ 在说"我、我、我"，而没有关注季度票持有者的情况。没有共情，也没有情感连接，只是说你要给我钱。

也许我都不用明说，你就能明白这种沟通话术是徒劳的。TJ给季度票持有者的电话留了言，但没有一个人打过来。

在我班上学习了几个星期后，TJ重写了话术。话术内容并没有很大的改变，他也没有给这些球迷打折。他做的只是微调了文字，让话术与球迷相关，与他们的处境相关，以及与他们对球队的喜爱相关。

现在，球队的名称变成了"你的华盛顿红皮队"，打电话的目的是确保球队最宝贵的球迷（欠费的客户）能够参加季度开幕首战。"每个周六在联邦快递球场都能看到你们每一个人共同创造的主场优势，这不会蓦然消亡。"TJ写道，然后他告诉他们，"在这段困难的日子里，我们理解我们的球迷也承受着沉重的打击，我们一直在和你们并肩作战。"他还请季度票持有者回电话谈一谈他们的"特殊情况"。

从表面来看很简单，但TJ所做的话术修改，能让他与欠费的季度票持有者之间建立起一种深度的情感共鸣。话术中提到了他们对球队的欠费事宜，同时点明了球队对他们的亏欠，通过标注当前的经济困难和对人们造成的影响，打消了最大的负面因素——他们的欠费问题，这样就把问题转移到了能解决的轨道上。

简单的修改背后是TJ对共情的复杂理解。TJ用了新的话术，这让他成功地在与巨人队比赛之前制订了球迷的付款计划。那么，首席财务官再次到他的桌边会怎么样？当然，一切都会简单多了。

扫清道路，再达目的

还记得杏仁体吗？就是大脑中对受威胁时产生恐惧的部位。如果我们能更快地打断杏仁体对真实或想象威胁的反应，那我们就能更快地清除前进道路上的阻碍，也能更快地获得安全、幸福和信任的感觉。

我们通过标注恐惧来达到这个目的。这些标注非常有效，因为它让恐惧沐浴在阳光之下，减弱了它的威力，并让对方知道，我们对情况是了解的。

再说回哈林区的案子，我当时并没有说："看起来你们想要我们放你们走。"我们可以达成一致，但这样不能打消公寓里逃犯的真正恐惧，也不能显示出我对他们糟糕复杂处境的共情。这就是我为什么选择了针对他们大脑中杏仁体的工作原理，直截了当地说："似乎你们并不想回到监狱里去。"

当他们被我标注，并把心理活动公开化之后，他们对于脑中的杏仁体反应就会减弱。我保证你一定会对他语气的转变大吃一惊，他从担心变成了乐观。可见共情真是一种提升情绪的强大工具。

前路的障碍总是能被轻易扫清，因此即使进展缓慢也不要气馁。在哈林区高楼里谈判用了 6 个小时。我们中的许多人心里的恐惧是一层摞着一层的，因此我们就像是为了防寒穿了许多件衣服一样，要想获得安全感，需要一点儿时间。

在我另一个学生身上发生的事也是个很好的例子。她是一个女童子军的筹款员，她很偶然地说出了对方的恐惧。

我说的这个学生，不是在街上卖饼干为童子军筹钱，她是一个非常老练的筹款员，她筹集的资金支票一般每张都能达到 1000 美元到 25 000 美元。经过多年的工作，她研究出了一套能成功的系统，让她的"顾客"——经常用来针对富裕的女性，打开她们的支票簿。

她通常的做法是，邀请潜在捐助者来办公室，递上一些女童子军的小饼干，带潜在捐助者参观一系列激动人心的活动照片和与潜在捐助者身份相符的项目介绍，然后在捐助者两眼放光时收取捐款支票。这样做非常容易。

但是有一天，她遇到了一个不为所动的捐助者。这个女士在她办公室坐下之后，她拿出了一些项目研究报告，并表示这些项目都适合这个捐助者。但是这个女士对她所推荐的项目一个接一个地否定。

我的学生面对这个难以对付的捐助者感到沮丧，因为她似乎没有意愿捐赠。我的学生稳了稳自己的情绪，想起我最近在课堂上刚刚教过的标注方法。"我觉得您对这些项目有些犹豫。"她用自己认为最平稳的语气说。

这个女士就像突然打开了心锁。她开口说："我希望我的捐助能直接帮助到女童子军这个项目，而不是其他。"

这使对话变得更加投入，但是当我的学生把看上去符合捐助者要求的项目拿出来后，她还是一个接一个地拒绝了。

我的学生感觉到这个潜在捐助者越来越失望，于是她希望用积极的语调来结束今天的对话，以便未来还能见面。因此，我的学生再次使用了标注："似乎您对捐赠真的很有热情，想要找到真正有价值并且能让童子军终身获益的好项目。"

我的学生说完这番话后，这个"难以对付"的女士就爽快地签下了支票，甚至没有选定具体的资助项目。"还是你了解我。"她在起身离开时说，"我信任你，相信你能找到正确的项目。"

担心她的钱会被滥用是表面呈现的变量，这只是最上层未被掩盖的内容。但是，第二层潜在的变量，才是她来到办公室的动机——她是被自己儿时的一段童子军特殊经历驱动的，这段经历改变了她的生活。

障碍并不是能否找到适合这个女士的项目，她并不是一个挑剔的、难以对付的捐助者。真正的障碍是，这个女士需要被别人理解，操作她的捐款的人需要知道她为什么会来到办公室，并理解是她自己的回忆驱动着她现在的行为。

这就是为什么标注有如此强大的力量，能潜移默化地改变任何一次对话的状态。通过深入挖掘像山一样的模糊表达、语言细节和思维逻辑，标注能帮你揭示和定位对方所有的驱动情感，认清这种情感之后，问题就能奇迹般地迎刃而解。

对指控进行审查

在每个学期的第一节谈判课上，我都会让学员做一个引导练习，名叫"只有60秒解救她"。我扮演绑匪，一名学员要在一分钟之内说服我释放人质。这是一个破冰练习，让我了解学生的水平，也让他们明白他们还有许多东西需要学习（有个小秘密：人质从来没有成功被释放）。

有时候，学生会直接参与进来，但找到愿意接受练习的学生通常很难，因为这意味着要走到班级最前面，并且与掌握所有人名片的我竞争。如果我请学员自愿上台，大家就都袖手旁观。这时候学员坐在教室里，能感觉后背发紧，心里都在祈求——千万别叫到我。

我并不点名，相反，我会说："既然你们都不愿在大家面前和我表演，我就要提前告诉你们……后果会很可怕。"

当学员的笑声停止后，我说："自愿上台的学员，很有可能会比别人收获更多。"

当我说完这些之后，自愿上台的学生往往会比我需要的还多。

现在，请注意我是怎么做的：我在谈话的一开始，就标注出了听众的恐惧，还有什么事会比"可怕的后果"更可怕？我打消了他们的担忧，然后等待，让担忧消失之后，那些不合理的情形看上去不再那么不可碰触。

我们中有许多人过去也千万次地凭直觉采取了和我相似的做法。你在指责朋友的时候，开头会说："我希望这么说不会让你觉得刺耳……"希望接下来说的话能柔和一些；或者你会说："我不想让自己看上去像个傻瓜……"希望对方接下来不会把你看得太糟糕。听到这样的话之后，对方会产生一个微小但很要命的误解，很可能认为你在竭力否认所有的负面评论，这实际上会造成麻烦。

在法庭上，辩护律师在开场陈述中会很恰当地提到被告所受的所有指控，并提到被告的所有弱点。他们把这种技巧叫作"拔刺"。

我想做的是把这个过程变成一个程序，有序地使用，无论是劝儿子上床睡觉，还是谈一笔大的生意合同，你能在任何谈判中对它加以运用，瓦解对方的思维。

这样做的第一步是把你的对手对你说的所有可怕的内容都列出来，我把它叫作"指控审查"。

要接受"指控审查"这个观点，对常人而言真的是非常困难的。我第一次对学生讲解时，他们说："天哪，我们做不到。"似乎这样做既矫情也让自己勉为其难，似乎这样做会把事情搞砸。于是我告诉他们，在第一天的课堂上，对他们参加人质游戏产生的恐惧，我进行了标注，使用的就是这个方法。而后，他们承认当时都没有意识到我的伎俩。

我把我的一个学生安娜的经历作为例子，因为令我无比骄傲的是，她把在课堂里学到的知识，转化成了100万美元。

那个时候，安娜是一项政府合同的主要一方，她的公司和另一家小公司一起赢得了一个规模可观的政府项目。这家小公司我们姑且叫它ABC集团，ABC集团的CEO和政府客户方的代表关系密切。

当他们获得项目之后，问题立即就出现了。因为 ABC 集团的政府关系对赢得项目起到了重要作用，于是 ABC 集团认为无论他们自己是否执行合同，都应该分一杯羹。

因此，虽然合同支付了他们 9 个人的工资，但他们仍然不断削减对项目的支持。于是，安娜的公司不得不承担原来 ABC 集团应做的工作，双方的关系也蜕变成责骂的电子邮件和尖刻的抱怨。安娜的公司已经面临利润微薄的挑战，因此不得不开始与 ABC 集团进行艰苦谈判，要求把他们的人员削减到 5 人。谈判让双方都尝到了苦涩的滋味，责骂的邮件停止了，但他们所有的邮件往来也停止了。然而，停止沟通往往是一个坏信号。

经过几个月的艰苦讨论，客户方开始倾向于重新考虑项目。如果 ABC 集团不同意削减人员开支，安娜的公司将面临严重的经济损失。因为 ABC 集团对谈判置之不理，安娜的公司基于合同，完全可以把 ABC 集团整个逐出项目。但这样做将会损害安娜的公司在重要客户心里的形象，并可能导致 ABC 集团发起诉讼。

面对这样的形势，安娜决定召开一个与 ABC 集团的会议。她计划和同事一起通知 ABC 集团，他们在项目中的人员将被裁减到 3 个人。会议前准备时的气氛非常紧张，因为 ABC 集团一开始就已经对裁员计划表示无比恼怒。虽然安娜平常是一个咄咄逼人又充满自信的谈判者，但这次谈判还是让她忧心忡忡，几个星期都睡不好觉。她要在凝聚共识的同时，改善两家公司之间的关系。这可不是件容易的事，是吧？

为了做好准备，安娜做的第一件事就是和她的谈判助手马克一起坐下来，列出 ABC 集团可能已经提出的所有负面指控。两家公司间的龃龉已有时日，因此列出的单子非常长，在这些可能的指控中，最严重的一条非常清晰：

"你们作为主要签约方，就是以大欺小。"

"你们承诺原先的计划不会有问题，现在却食言了。"

"你们应该提前几个星期通知我们，让我们也能有所准备。"安娜和马克轮流扮演谈判双方的角色，一个人扮演 ABC 集团，另一个人则用预先准备的标注法来瓦解对方的指控。"你们会认为我们是庞大的、卑劣的主要合同方。"安娜练习使用缓慢自然的语气说。"看起来你从最初就一直认为原计划是行得通的。"马克说。他们在一名观察员面前练习，琢磨谈判的步调；决定在什么时候标注对方的恐惧；计划在什么时候有意进行停顿。这就像是一场剧院的演出。

开会的那天终于到来了，安娜一开始就抓住了 ABC 集团最大的不满。"我知道是我们把你们带到这个项目中，奔向共同的目标并让你们领导这项工作。"安娜说，"你们可能觉得我们对你们不公平，是我们实质性地改变了与你们的协议。我们认为是你们自以为得到了我方的承诺。"

这番话让 ABC 集团的谈判代表认同地点了点头。于是，安娜继续把情况摆出来，这种做法引导了 ABC 集团的谈判代表明白双方公司还是合作伙伴。她用开放性的问题来做陈述，显得她在倾听："你们觉得还有什么重要的事情要补充吗？"

通过标注恐惧和询问补充意见，安娜成功地看清了 ABC 集团恐惧背后的事实，即 ABC 集团期望这是一个高利润的合同，因为他们觉得安娜的公司在这个项目中会大赚一笔。

这给马克提供了一个切入点，他解释客户方现在有了新的需求，导致公司利润损失，言下之意是他和安娜需要进一步削减向 ABC 集团支付的费用，人员减少到 3 个人。ABC 集团的一名谈判代表安杰拉倒吸了一口凉气。

"似乎你们以为我们是庞大的、卑劣的主要合同方，以为我们会以大欺小、排斥小公司。"安娜说。她在对方开口之前，直接说出了对方的指控。

"不，不，我们没那样想。"安杰拉说。这番话确认了他们也想寻求一致。

负面因素已经被标注出来了，最严厉的指控已经被放到了台面上，安娜和马克现在可以把对话引导到合同谈判本身。让我们看看他们是如何紧密合作展现智慧的：他们确认了 ABC 集团的现状，同时把寻求解决方法的重任转移给了小公司。

"听说你们对政府合同如何运行非常在行。"安娜说。她标注出了安杰拉的专业优势。

"是的，但我知道这次不是他们惯常的做法。"安杰拉回答说。她对自己的专业经验获得肯定而感到骄傲。

接下来，安娜问安杰拉愿意如何修改合同，以便大家都能赚钱。这就等于逼安杰拉承认，如果不削减 ABC 集团的人员成本，就无法达到目的。

几个星期之后，协议进行了修改，ABC 集团的人员预算被削减了，这让安娜的公司在最终签订协议时节省了 100 万美元。然而，最让安娜惊讶的是安杰拉在会议行将结束时的反应。当安娜明确说出自己给安杰拉带来了坏消息，而她也能理解安杰拉会有多么愤怒时，安杰拉说："这真不是个好结果，但我们赞赏你们能理解会发生什么，我们也没觉得你们在欺负我们。你们也不是庞大的、卑劣的主要合同方。"

安娜对这个结果又是什么反应呢？"天哪，这个办法真是太灵验了！"

她说得没错。就像你看到的那样，在面对负面因素时做正确的事，这种神奇的力量把我们带入了共情的安全区。我们每个人都有一种与生俱来的人性需求，需要被理解，需要与对面的人建立联系。这就解释了为什么在安娜标注了安杰拉的恐惧之后，安杰拉的第一个本能反应是补充了这些害怕的细节。这些细节给安娜以力量，使她能在谈判中获取所需。

找到座位、升舱——在一架机票已经售罄的航班上

到现在为止，我们已经不断练习和提高了许多谈判技巧，它们每一个都像

是一件乐器：首先，重复就像是萨克斯；其次，标注就像是贝斯；最后，为何不把策略性沉默当成是圆号吹？但在一场真正的谈判中，所有的乐器都要一起演奏。因此，你要学会如何指挥。

要让所有乐器一起演奏，对大部分人来说确实是件难事，似乎会让人手忙脚乱。因此，我现在要做的是用慢速演奏一首乐曲，这样你就能一个音符一个音符地听清每一种乐器的声音。我保证你将很快看到你所学到的这些乐器是如何配合演奏的，有升调，有重复，有降调，还有恰到好处的停顿，构成了完美的和谐乐章。

情况是这样的（如果你愿意，可以把它看成一首乐曲）：我的学生瑞恩要从巴尔的摩飞往奥斯汀，去签署一份电脑咨询服务的大合同。在过去的6个月里，客户代表对于到底需不需要电脑咨询服务表现得犹豫不决，但最近一次电脑系统的崩溃，让这位客户代表和他老板的关系骤然紧张。为了转移老板的责难，这位代表当着老板的面给瑞恩打了电话，非常严厉地指责瑞恩这么长时间还不来签合同。他说，如果星期五上午瑞恩不能出现，那么这个合作就取消了。

于是瑞恩买了一张第二天，也就是星期四一早的飞机票，但是一场特大的雷雨横扫了巴尔的摩，导致机场关闭了5个小时。结果显而易见地令人痛苦：瑞恩已经不可能按原计划赶到达拉斯转机去奥斯汀了。更糟糕的是，他在起飞前给美国航空公司打电话得知，他的转机航班已经自动被改签到了第二天（星期五）的下午3点，这让他的合同变得岌岌可危。

当瑞恩终于在星期四晚上8点抵达达拉斯之后，他飞奔到当天最后一班飞往奥斯汀的美国航空公司航班登机口，这时距离飞机起飞只有不到30分钟了。他的目标是赶上这趟航班，最不济也要坐上第二天上午的早班飞机。

在登机口，他看到一对怒气冲冲的夫妇正对登机口的工作人员大喊大叫，而工作人员只在电脑上不停地敲击，几乎没有抬头去看这对夫妇——很显然她正在全力忍着，没有和乘客对骂。直到她说了五遍"我真的没有办法"后，这对愤怒的夫妇才悻悻而去。

让我们开始看瑞恩是如何把前面旅客的激烈吵嚷变成自己的优势的。对于谈判者而言，在一场争吵之后开始谈判是一个巨大的优势。因为你的对手正处在烦恼抓狂之中，正需要一次感同身受的交流，只要对他微笑，你就已经占据优势了。

"你好，温迪，我是瑞恩。似乎刚才那两位很生气啊！"

这样说不仅标注出了负面因素，并且建立起了一种感同身受的和谐关系。

"是的，他们错过了转机航班。因为天气，我们有一大批航班延误了。"

"天气？"

在温迪解释了东北部的航班延误信息如何占满了系统之后，瑞恩再一次标注了消极因素，然后重复了她的回答，引导她更深入地交谈。

"这似乎是个繁忙的一天啊！"

"现在这儿有许多'怒气冲冲的乘客'，你知道吗？我的意思是说，虽然我不愿意被人大喊大叫，但我也了解他们的情况。许多人是想要去奥斯汀看那场大赛。"

"大赛？"

"犹他队对阵密西西比大学队的橄榄球比赛，每一个去奥斯汀的航班都被预订得满满的。"

"预订得满满的？"

现在需要暂停一下。到现在为止，瑞恩已经使用了"标注"和"重复"这两种方法建立与温迪的关系。对她而言，这似乎是一场理想的对话，因为至少他还没有提出任何要求。不像刚才那对恼怒的夫妇，瑞恩理解她现在的处境。

他的话语都在"你说的是什么"和"我听到你说的了"这两个语义之间徘徊，这两个语义都在引导她继续展开叙述。

既然共情已经达成，她透露了一点儿他可以利用的信息。

"是的，所有的航班直到周末都订完了，但也不知道有多少人能赶得上飞机，天气很可能会让很多前往不同目的地的人改变路线。"

这就是瑞恩最终发起进攻、开始提问的地方，但请注意他是如何行动的：他并不是开口直言或冷冰冰地使用逻辑，而是用共情和标注的方法认同她的处境，从策略上把两人放到了一艘船上。

"好吧，看上去你把这一天繁忙的工作处理得井井有条。"他说，"我也受到了天气影响，航班延误了，也错过了我的转机航班。似乎这个航班的座位也被预订完了，但根据你刚才说的，可能也有人因为天气错过这个航班。有没有可能这个航班会再开放空座？"

请看这里反复使用的方法：标注、策略性共情、标注，然后再提出一个要求。

这时温迪什么也没说，她开始在电脑上敲打。瑞恩这时非常不愿意丢失任何可能的机会，他保持了沉默。30秒后，温迪打出了一张登机牌，交到瑞恩手中，并解释说有好几位乘客将无法在航班起飞前抵达。使瑞恩更成功的是，她给他升级到了舒适经济舱的座位。

所有这一切，都发生在两分钟之内！

下次当你在小商店或机场排队时，如果也正好跟在一位恼怒的顾客后面，也请抓住机会对服务员练习使用标注和重复的方法。我保证他们绝对不会喊"你不要想控制我"，也绝不会勃然大怒，而你很可能在离开的时候会得到超乎想象的收获。

学习要点

当你尝试在日常生活中使用策略性共情时，我希望你能把它看作人类自然交互的延展，而非人为做作的谈话技巧。

在任何沟通中，对方对我们处境的倾听和理解，都能让我们感到高兴。无论你是在洽谈商业交易，还是只是简单地和超市肉食柜员聊天，建立共情关系，引导对方扩展详述自己的情况，是人与人之间健康交往的基础。

这些谈判工具，说到底是立足情感的最佳实践，能帮助你解决日常最令人头痛的沟通困难；能帮助你建立和发展更有意义、更温暖的人际关系；可能有助于你获取所需。但这些属于额外的好处，建立人际关系才是首要目标。

把这些记在脑中，我希望你尝试在每一次对话中都能让这些工具闪闪发光。我相信你在一开始使用的时候会觉得别扭和做作，但请坚持下去。因为人一开始学走路的时候，也会觉得别扭。

当你把这些技术内化于心后，就能把人为的策略性共情变成一种习惯，然后融入你的人格之中。

请记住这一章里你刚刚学到的要点：

· 设想自己处在对方的境地。共情的魅力在于，它并不要求你同意对方的观点（你可能会觉得对方的观点是疯狂的），但通过对对方处境的认可，你能立即告诉对方你正在倾听。当他们知道你在仔细倾听后，他们就可能会透露一些能被你利用的信息。

· 对方不愿和你达成协议的原因，经常比他们能达成协议的动因更强大。因此，首先要集中精力消除达成协议所要面临的障碍。排除障碍和负面影响，就能给他们以信任，和他们公开讨论这些问题。

・停顿。当你标注了障碍或者重复对方的话语之后，请停一停，不用担心，对方会填补沉默的空白的。

・标注对手的恐惧以削弱对方。我们都喜欢谈论快乐的事情，但是请记住，你越快打断对方杏仁体（也就是大脑中产生恐惧的区域）的反应，也就能越快地产生安全感、幸福感和信任度。

・把对方能对你说的最坏的内容都列出来，在对方开口之前就先说出来。提前把自己作为一个指控审查者，做好准备应对负面变量，而不是等待负面变量生根发芽之后再采取行动。因为这些指责在大声说出来的时候往往显得夸张，说出来之后将会引导对方急于声明相反的情况才是事实。

・请记住，和你打交道的人都希望被赞赏和理解。因此，请使用标注的方法加强和鼓励积极因素。

第四章

∞ 小心"是"——掌控"不" ∞

如何营造氛围,
以便安全地与风险共舞

让我来为你描绘一幅我们都经历过的场景：你坐在家里，吃晚饭之前，电话响了。不出所料的是，这通电话是一位电话推销员打来的。他希望你订杂志、买净水器、买阿根廷冻牛肉——坦率地说，具体推销什么并不重要，因为他们的话术脚本都是相同的。在喊出你的名字之后，他会虚伪地说些玩笑话，然后开始进入正题。

接下来是一串强力推销的话术，把你所有的逃跑之路通通切断，就像给你修筑了一条隧道，没有别的出口，出口仅有"是"。"你是不是经常希望享用一杯洁净的水呢？""是的，但是……""我也是，就像我一样，我打赌你希望有一杯清新、干净、没有化学物质余味的水，就像'大自然母亲'生产的一样。""呃，是的，但是……"

你很好奇这个满脸堆着假笑的人是谁，他认为自己的手段能让你购买你实际并不需要的东西。你觉得自己的肌肉发紧，你的语音是防御性的，你的心跳在加速。

你觉得自己像是他的猎物，其实你就是！

你想要做的最后一件事，就是说"是"，有时甚至这是你唯一能给出的答案——"你需要喝水吗？"妥协，达成一致，即便事实如此，感觉也像是被打败了似的；但是如果能说"不"，感觉就像获得了解救，看到了绿洲。当你听到明显不真实的情况时，你可能会说"不"，你是多么想发出"不"这一美妙声音啊。"不，我不需要水，不需要活性炭净水器和其他任何东西。我就是一头骆驼！"

现在让我们思考一下这个推销术。它被设计成全力以赴地要得到"是"

的回答，就像说"不"会死一样。对我们大多数人而言就是这样，我们觉得"不"与所有负面含义相关。我们拒绝的时候会说"不"，也害怕听到这个字。"不"是最负面的一个字。

最终，"是"却往往是一个没有意义的回答，它背后隐藏着更深刻的反对（"也许"就更糟糕了）。花大力气往"是"上面引导，并没有让谈判者更接近胜利，只会让对方感到恼怒。

因此，如果"是"这么令人不快，而"不"却能让人解脱，那为什么我们还迷恋前者而妖魔化后者呢？

我们从后往前看。对于一个优秀的谈判者而言，"不"值千金。这个负面反应能提供巨大的机会，让你和对方澄清你到底想要什么，排除你不要什么。说"不"是一个安全的选择，能维持谈判现状，它提供了一个能暂时控制的绿洲。

在谈判者成长的某一个阶段，他们都会开始紧紧抓住"不"。当你开始意识到这个字背后隐藏的真正心理因素之后，你会喜欢上这个字。这并不仅是你对这个字不再害怕，更是你开始学会如何让它对你产生帮助，学会如何才能利用它达成交易。

"是"和"也许"常常是没有用的，但"不"总是能改变对话。

谈判从"不"开始

我对"不"的痴迷，说到底是在我的谈判生涯启程之前的几个月里，在某一次谈话中，它展现了惊人的魅力。

我的职业生涯开始于匹兹堡的FBI特种部队，大约两年之后转到了纽约，在那里，FBI派我去了联合反恐任务小组。那是一个很有意思的职位：我们夜以继日地追踪恐怖分子嫌疑人，调查他们的手机通话情况，评估他们是否会发动袭击，或会在哪里发动袭击。我们做的工作是在美国最大的都市里，解开人类愤怒的心结，做一些关乎生死的决定，而对象可能是那些真正的危险分子，也可能只是一个吹牛的人。所以，这份工作深深地吸引了我。

从我到FBI工作的第一天起，我就对危机应对情有独钟。工作的直接性吸引了我，工作成败的成本极高，在我工作的天平上挂着的，是人的生命。

情感领域是非常复杂、善变和矛盾的。要成功地解救一名人质，谈判者必须洞悉绑架者的动机、思维状态、智慧和感情的强弱点。谈判者扮演的角色包括威慑者、安抚者、执行者、拯救者、忏悔者、煽动者和调解者等，而这只是一小部分。

我想我适合扮演其中任何一个角色。

抵达纽约曼哈顿工作了几个星期后，我来到了艾米·邦德罗（Amy Bonderow）的办公室，她在纽约负责FBI危机谈判小组。我那时并不懂谈判技巧，因此口无遮拦。

"我想要做人质谈判员。"我说。

"每个人都想做，你接受过相关训练吗？"她问。

"没有。"我说。

"有证书吗？"

"没有。"

"有相关经验吗？"

"没有。"

"你有心理学、社会学或任何和谈判相关的学位吗？"

"没有。"

"似乎你已经回答了你的问题。"她说，"不行，你走吧。"

"让我走？"我抗议道，"真的要我走吗？"

"是的，就像你走进来的时候一样，'让我自己在这儿'。每个人都想成为人质谈判专家，而你没有学历、经验和技巧。因此你如果在我的位置上，能说什么？你会说'不行'。"

我在她面前停顿了一下，开始思考，这并不是我谈判生涯的结束。我过去监视过恐怖分子，我不能就这么走了。

"别这样。"我说，"我还是能做些事情的。"

艾米摇摇头，嘲讽地笑了，她的意思是你这个人怎么没看出自己的机会有多渺茫。

"我告诉你吧，是的，你是可以做一点儿工作——到防止自杀热线当志愿者，然后再回来跟我谈。不过我不会给你任何保证，明白了吗？"她说，"现在，我认真地告诉你，请走吧。"

我和艾米的对话给了我启发，我了解到对话背后隐藏的微妙和复杂情况，了解到特定语句的威力，了解到看上去无法言状的情感事实，往往暗示着可以言状的变化。

从字面上原原本本地解读人们所说的话是一个许多人都容易跌入的陷阱。我发现当人们在玩交谈的游戏时，这其实是一个游戏中的游戏，几乎没有人懂得深层次层面的游戏规则，而所有能发挥影响的工具，都只存在于这个层面里。

在我们上面的那段对话里，我发现"不"——看上去意义清晰而直接，可实际上是多么不简单。在后来的许多年里，我反复思考和回顾这番话，回忆艾米是如何一次又一次迅速把我击败的。正是她让我说"没有"引导我最后说出"是的"，这给她和我足够的时间转移思维、调整策略和重新思考，并为最后说出那个有意义的"是的"做好了环境铺垫。

当我被派到联合反恐任务小组的时候，我和纽约警察局一位名叫马丁的警官一起工作。他是一个固执的人，无论别人问他什么，他都用简短的否定应对。后来我跟他熟悉了一些，我问他为什么。"克里斯，"他骄傲地对我说，"警官的工作就是说'不'。"

在一开始，我认为这种自动的回应表达了不容想象的信号。但到了后来，我意识到自己对10岁的儿子也是这个态度，而在我说完"不"之后，我发现自己经常以开放的心态听他讲。

那是因为我已经做好了自我保护，能够放松下来，更容易考虑其他的可能性。

"不"是谈判的开始，而不是结束。我们习惯性地害怕"不"这个字，但这往往反映出观点而远非事实。说"不"的时候，很少意味着"我已经评估过所有的事实情况，从而做出了一个理性的选择"。相反，"不"常常是一个决定，往往是临时性的，目的是保持谈判现状。变化使人提心吊胆，而说"不"能给人提供一点儿保护，从而减轻害怕的感觉。

吉姆·坎普（Jim Camp）在他的著作《谈判从说"不"开始》（Start with No）中，请读者在谈判的一开始，就允许对手说"不"，他把这称为"否决权"。他观察后发现，人们会竭力斗争以捍卫自己说"不"的权利。如果给予他们这个权利，就能迅速让谈判氛围变得更积极和更具有协作性。

当我读完坎普的书之后，我意识到这是我们作为谈判专家很多年前就了解的知识。我们知道让一名绑架者出局的最快办法是花时间劝其放弃，而不是"要求"他们投降。要求投降，"告诉"他们走出来，最终往往造成更长时间的僵持，有时甚至会造成人员伤亡。

这可以追溯到人类对自决权深层次的普遍追求。人们需要掌控的感觉，当你明确允许他们说"不"来赋予他们自决权的时候，情绪就能平和下来，做决定的效率也能提高，对方也能真正关注你的建议。他们被允许把主动权抓在自己手里，允许他们改变，这也为你赢得了时间，以便用解释和调整说服对方：你建议的修改比维持现状更有益。

杰出的谈判专家都会寻找"不"，因为他们知道这往往是谈判真正的起点。

向你的对手礼貌地说"不"（我们将在第九章进行更深入的讲解），平静地听对方说"不"，让对方知道我们欢迎他们说"不"，这能在谈判中产生积极的影响。实际上，你邀请对方说"不"，还有一种神奇的力量——能打破樊篱，产生更多有益的交流。

这意味着你要训练自己听别人对你说"不"，而不是抗拒，或以其人之道还治其人之身。当有人对你说"不"的时候，你需要重新思考这个字可能代表的其他意思，而且是更真实的意思：

- 我现在还未准备好同意。
- 你让我觉得不舒服。
- 我不明白。
- 我觉得自己付不起这个钱。
- 我想要的是其他东西。
- 我要了解更多的信息。
- 我想和其他人讨论一下。

然后，在停顿之后，以解决问题为目标进行提问，或简单地用"标注"的方法影响他们：

"这个怎么样，对你不起作用吗？"

"你想要怎么样才能让这个方案行得通？"

"看起来有些问题给你造成了困扰。"

人需要说"不"。因此,不要期望到了某个阶段才听到它,而是让他们尽早说出来。

在他们的世界里说服

我想要举的例子是一个名叫乔的商人,他正准备参加一场谈判。你之前似乎见过他,他是那种准备充足型的人,把《谈判力》这本书里所有的策略都写下来并记在了脑子里。他已经做了十足的准备,可以在谈判桌对面的人身上使用这些策略。乔在穿衣镜前停下来,检查了一下自己身上的昂贵西服,幻想着自己说出令人印象深刻的话,以及这些话的背后有神奇的书本理论做后盾,他将会把对手、敌人打得一败涂地。他觉得自己就像是电影《角斗士》里的影星罗素·克劳(Russell Crowe),他就是英雄。

现在,让我告诉你一个秘密:他的这些准备没有任何实际意义。他的谈判风格彻头彻尾都是我、我、我,自我、自我、自我。当谈判桌上的对手感受到了这个信息,他们就会做出决定,在这个时候最好的办法就是通过说"是",甚至礼貌地暗中忽视这个超人!

"啊?"你会惊讶。

是的,他们说的词确实是"是的",但这个词只是让一个夸夸其谈的人滚蛋的手段。他们稍后就会含糊其词,声称情况发生了变化,强调预算困难甚至包括天气问题。当时他们只想摆脱他,因为乔没有说服他们任何事情,而他只说服了他自己。

让我来告诉你一个秘密。实际上有3种不同的"是",它们分别是虚伪的、肯定的和承诺的。

虚伪的"是"就是你的对手想要说"不",但觉得说"是"反倒更容易跳出当前轨道,或只想虚伪地让对话持续下去,从而获得更多信息或好处;肯定的"是"通常是正常的，一般是对非黑即白的问题做出的回应，有时也用来挖陷阱，而大多数只是一个简单的确认，同时不承诺会采取行动；承诺的"是"是真正的交易，是双方真正达成一致将要采取行动，这个谈判中的"是"最终会变成合同上的签字。承诺的"是"是你想要的，但3种"是"听上去语音几乎一模一样，因此你要学会辨认对方说的是哪一个。

人类世界已经非常习惯通过被说服来达到承诺的"是"这个目的，而我们发现，人类已经成为使用虚伪的"是"的大师。这就是商人乔的对手所做的事，挂出虚伪的"是"的旗帜来听到更多信息。

无论你把它称为"买入""接触"或者其他什么，一个优秀的谈判者知道自己的任务不是让自己如何表现亮眼，而是要逐渐引导对方发现谈判者的目标，并让对方认同这些目标。

让我来告诉你，我是如何学到这个困难的方法的。

在我和艾米谈话之后的两个月，我开始接听求助电话，这是诺曼·文森特·皮尔创立的一条危机处理热线。

其基本原则是，你不能和每一位打进电话的人谈话超过20分钟。如果你真的做好了这份工作，那么改善对方处境的耗时不应该超过20分钟。我们有一本厚厚的专业机构列表，有时我们需要向它们寻求帮助。这像一个医疗辅助型的工作：把他们打包并送上正确的道路。

但是在我们接听的所有电话中，真正处在危机中的人大约占40%。大部分电话来自我们的常客，他们都是高度紊乱的"精神吸血鬼"，其他人都不愿意再听他们说话。

我们有一张这类电话常客的列表，当你接到他们中某一个人的电话，你要做的第一件事是核实一下今天对方是否打进了电话，因为我们的电话只允许他们每天打一次，他们也知道这一点。很多时候，他们会说："是的，我是艾迪，我今天没打过电话，你可以查一下单子，和我聊聊吧。"

因为我来这里的主要目的是学习技能，因此我喜欢接听这些常客的电话。他们有自己的问题，我愿意帮助他们解决。我觉得自己在这方面有一些天赋，觉得自己就像是一个明星。

在对我的工作表现进行评估的时候，他们给我指派了一位名叫吉姆·斯奈德的主管。吉姆是一个接听热线的老手，并且很有爱心，唯一的问题是他喜欢到处开玩笑。吉姆知道志愿者做这份工作最大的问题是会觉得精疲力竭，因此，他愿意花自己的时间让工作变得更加有趣。很快，我和吉姆成了好朋友。

对我的工作评估开始的时候，我接到一个电话后就去了监听室，吉姆一直在那里等待，在那里主管能监听到我们的电话对话内容。这个电话是一个常客打来的，他是一个害怕外出的出租车司机，他已经就这个问题和我聊过很多次了。这个"精神吸血鬼"（他的名字叫达里尔）开始讲述自己的固有论调，说如果无法工作，他将会失去住房和活下去的勇气。

"请认真地说，上次有人想在街上伤害你，是发生在什么时候？"我问。

"呃，我想，应该是很久之前了。"达里尔说。

"大概是？"

"我记不清楚日期了，克里斯，我想可能是一年前。"

"所以，我们可以说外面的世界对你来说其实并不是那么残酷，是吗？"

"是的，"达里尔说，"我觉得是这样。"

我们像这样来来回回聊了一阵子，让他承认大部分人在这个世界上没有什么特别害怕的。我对自己的新技能感到满意，我能倾听达里尔然后能用"关爱对抗"他，这是我们自己造出来的一个词，意思是我们果断但又带有爱心地对付这些电话常客。

一切都如行云流水，我们聊得很和谐，我甚至让达里尔笑了好几次。直到我挂断电话的时候，达里尔已经没有任何不走出家门的理由了。

"克里斯，谢谢。"达里尔在挂电话之前说，"感谢你，做得太棒了。"

在我去见主管吉姆之前，我向后靠在椅子上回味了一下获得的赞扬。我想，要得到一个在痛苦中的人的称赞，是不常见的。当我站起来大步离开监听室的时候，我觉得十分自豪，一边走一边用手拍打着自己的衬衣，然后给自己捶了捶背。

吉姆看着他眼前的椅子，脸上挂着大大的笑容。我想我的表现一定让他大为惊叹。

"好吧，克里斯。"他依然笑着说，"这是我听过的最糟糕的一个电话。"

我呆呆地看着他，惊讶得合不拢嘴。

"吉姆，你听见达里尔赞扬我了吗？"我问，"我跟他谈妥了，我解决了他的问题。"

吉姆继续微笑着，点点头。我有时候太痛恨他的微笑了。

"这是一种标志，因为他们在挂电话的时候应该会赞扬自己，"他说，"他们没有必要来赞扬你，这就说明你做过头了。如果他们认为你做到了，你把问题解决了，那么他们如何自己帮助自己？我不想说得太难听，但你确实做得很糟糕。"

我听着吉姆的评论，感到胃酸向上反，我不得不接受眼前这个人对我的批评，而且全是对的。达里尔的回答是某种形式的"是"，但这绝对不是一种承诺的"是"，他并没有承诺行动。他的"是"是用来让我觉得足够满意，好让他摆脱我，然后自己待着。达里尔可能自己都不知道，他说的"是"从一开始就是虚假的。

要知道，我在接这个电话的时候，从头到尾都在关注自我，而不是打电话的人。但能让这些打电话的人行动起来的唯一方法，是让他们成为电话的主人，让他们相信是自己得出的结论，相信下一步需要采取必要的行动，而电话那头工作人员的声音，只是让他们自我觉醒的媒介。

用你所有的技能来创造和谐一致、与对方建立联系确实很有意义，但本质上这些联系是无用的，除非对方感受到自己也有责任（而不是唯一的责任方），从而一起建立联系并创造新想法。

我慢慢地点点头，抵抗的力气烟消云散。

"最糟糕的电话之一？"我对吉姆说，"你是对的。"

我从这时起，开始努力重新寻找自己的方向。我问了许多问题，也读了许多资料，进步巨大，很快他们就开始让我培训求助热线的新志愿者了。我教授两个课程：第一个是关于积极倾听的公开课；第二个是以关怀或爱的方式进行对抗的课程。

你会说，你懂了，谈判不是自我的。我们需要通过对方的看法说服他们，而不是基于我们自己的看法。但如何才能做到呢？

那就要通过关注他们最基本的要求实现。

在每一场谈判中，在每一个协议中，结果都是需要别人的决定才能达成。遗憾的是，如果我们坚信自己能通过妥协和逻辑控制或操纵别人的决定，我们将在谈判桌上输千千万万次。虽然我们不能控制别人的决定，但我们能影响他们，方法就是进入他们的世界去看、去听，准确了解他们真正想要的是什么。

你要相信你遇见的每一个人都是被两种基本欲望驱动的，这两种欲望就是对安全感的需求和控制欲。虽然程度因人而异，但如果你能满足对方这两个欲望，你就站在成功的大门口了。

就像大家看到的我和达里尔的对话一样，你不能有逻辑地说服他，告诉他是安全的或是可控。基本需求是紧迫的、没有逻辑的，因此通过和对方理论把他们逼到墙角，只会逼得你的对手抛出一个虚伪的"是"，然后落荒而逃。

用假惺惺的同情显示"友善"，往往是不会成功的。在我们生活的时代里，许多名词都被安上了友善的含义，我们要表现得友善，无论何时何地都要尊重他人的感受。

但是在谈判的背景下,单纯的友善会让你"后院起火"。把友善作为一种策略,是不真诚的和做作的。有谁因为销售员的"友善"而接受一件有瑕疵的货品?如果你鲁莽地使用僵硬的友善,你那不走心的微笑就会把你的优势毁灭殆尽。

我们不要使用逻辑或伪善的微笑,而要通过让对方说"不"达到最终目的。这是一个能让说话的人感到安全和控制的词。"不"可以启动对话,建立"安全天堂",而最终获得承诺的则是"是"。过早的"是"往往只是一种欺骗,一种为了躲避而做出的虚假回应。

在艾米要我"出去"的 5 个月后,我又一次来到了她的办公室,告诉她我已经在求助热线担任志愿者了。

"你真的去了?"她微笑着,有点惊讶地问,"我对每个人都这么说,但从来没有人真的去过。"

我在聊天中发现,艾米的谈判生涯也是从和我同样的地方——做志愿者开始的。她说了几个在求助热线工作的人的名字,他们是我们共同的朋友。我们在谈到吉姆的时候都哈哈大笑起来。

突然,艾米停下来盯着我看。在她停顿的时间里,我把目光转向了自己的鞋子,然后她笑了。

"你得到了下一个职位。"

那时有 5 个人在竞争那个职位,他们有的拥有心理学学位,有的有经验,有的有证书。最后却是我走上了去往弗吉尼亚州匡提科的 FBI 学院谈判培训课程的道路,比其他人都要早。我作为谈判专家的专业生涯正式开始了。

说"不"是一种保护

请再回想一下本章一开始我们提到的电话推销员。对于他的问题"你是否希望享受一杯洁净的水",很明显答案就是"是的",但你真正想要喊出的是"不用"。经过这番提问之后,你就能猜到接下来的所有通话都是痛苦的。

在这个表象之下,我们说出"是"和"不"是固有的矛盾。无论在什么谈判中,毫无疑问我们最终想要得到的都是"是"。但我们错误地把谈判中"是"的正面价值,等同于一般的"是"的正面价值。因为我们把"不"看作"是"的对立面,于是我们推断"不"永远是一个坏东西。

这就大错特错了。说"不"能让说话者感到安全和可控,你提出的问题能迅速地让对方做出"不"的回答,对方就会觉得因为否定了你而掌握了控制权。优秀的谈判者欢迎甚至引导对方实实在在地说"不"来开启一场谈判,这是对方投入和思考的表现。

被逼着说"是"虽然直奔目标,但对方会产生防御、恐惧和不安的心理。这就是为什么我告诉学生,如果你想要推销什么东西,不要用"我们能不能花几分钟聊一聊"来开场,而是要说"现在您是否不方便说话",这时你得到的答案就会是"是的,现在不方便",然后得到一个新的时间建议或终止对话,或者你会得到"不,没关系",然后让对方的注意力转移到电话上。

作为练习,下次你接起一个推销电话的时候,把推销员的问题写下来,我保证你会发现你的不舒适指数会和他迫使你说"是"的急迫性成正比。

我的同事马蒂·艾维尔赛则是第一个让我大开眼界,看到为什么"不"是比"是"更好的人。

那时候,马蒂是匹兹堡的一个FBI危机谈判协调员。她是一个精力充沛的谈判天才，这让她在 FBI 内部及警察部门获得了极大的尊敬。但是人的天性里是有妒忌的，她的上级也不例外。她的成功使上级感到相形见绌，所以这给她造成了威胁。

当匹兹堡警察局的人质谈判小组希望马蒂加入委员会面试挑选新人时，她的上级妒忌发作了。警方挑选了她，但越过了她的上级，这是一个非常规的程序。

于是，她的上级决定将她免职，理由是她忽视了日常工作职责，但实际上是他觉得受到了威胁。

当马蒂和她的上司面对面坐下，正式谈解职的时候，她几乎已经没有机会了。因为他有权按照自己的意愿行事。

马蒂告诉我她设想了多种场景，她想过直接指出他的妒忌并大胆指责，或解释她在 FBI 的工作不会受到影响："你是否希望我们的部门因为专业性而受到尊重？"

当她真的坐到他面前的时候，她选择让对方说出最强烈的一个字——"不"，以此引导一些我之前提到过的提问方法。

"你是否想让 FBI 陷入尴尬？"她问。

"不。"他回答说。

"你想要我怎么做？"她回应说。

他身子往后靠在椅背上，这是一把 20 世纪 50 年代的人造革椅子，只要坐在上面的人动一下，就会发出"意味深长"的嘎吱声。他透过眼镜片看着她，轻轻地点头，他被控制住了。

"你看，你可以保留这个职位，"他说，"只要回来工作，并且不要让其他事影响你的职责就行。"

一分钟后，马蒂从办公室走出来，完全保住了自己的工作。

当我了解到马蒂的做法，我感觉心里"怦"地震撼了一下。通过推动对方说"不"，马蒂把她的上级推到了一个必须让他做决定的处境里，然后她进一步维护了他的安全感和权力感，方法是通过一个提问来引导他对她的下一步行动做出界定。

这里的关键是马蒂不只接受对方说"不"，她还研究并且迎合了他。

在最近的一次销售会议上，我问与会者有哪个词会让他们感到恐惧，所有的人一起喊"不"，对他们而言，或者对绝大部分人而言，"不"意味着讨论结束。

这并不是它的真正含义。

"不"并不代表着失败，如果策略性地使用它，它就成为一个打开前进道路的答案。当你不再害怕"不"这个字的时候，你就到了每一位谈判者都在追求的解放时刻。因为如果你最大的恐惧是"不"，你就无法进行谈判，你被"是"绑架了，双手被牢牢地拴住了，那样你就完了。

所以，我们一起彻底分析"不"，这是对自决权的再次肯定，不是对权力的滥用，不是一种拒绝的行动，不是固执的表现，也不意味着谈判的结束。

实际上，"不"经常让讨论变得热烈。你越早说"不"，就能越早看到之前没有发现的机会。说"不"经常鞭策人们采取行动，因为他们觉得自己已经受到了保护，而现在机会正在流失。

自从我揭开了"不"的神秘面纱之后，我发现人们关于这个字的想法、观点和负担都变得十分神奇。对我而言，就像无数次地看一场20世纪80年代的电影或者音乐录像，你能找回自己的一段段经历，也能清醒地看到世界和你都在不断地前进。

今天，我指导学生看明白"不"到底是什么。"不"在谈判中保护和有益于各方，而不是危害他们或他们的谈判对手。"不"能产生安全感和控制感，这是达到可执行的成功所必需的。这是一个停顿，一种推进，一个让说话者能表明他们需求的机会。

如你所见，说"不"有许多技巧：

·说"不"能把真正的问题摆在面前。
·说"不"能保护人们做出、修正不够有效的决定。
·说"不"能让节奏放缓，这样人们可以自由地认可自己参与的决定和协议。
·说"不"能让人们感到安全，情感舒适，并对他们的决定有控制权。
·说"不"能推动每一个人都努力向前。

我的一位小学同学名叫本·奥特霍夫，他是一位政治基金筹款员，学完我的课程之后，他对于它的效果深表惊叹。多年来，他一直在使用传统"是"的模式，为共和党国会议员的候选人筹款准备话术。

筹款员：您好，请问是史密斯先生吗？
史密斯：是我。
筹款员：我是XYZ委员会的，我想询问您几个重要问题，主要是关于您对当下经济形势的看法。您是否认为现在的汽油价格偏高了？
史密斯：是的，汽油价格太高了，已经影响到我的家庭了。
筹款员：您是否认为民主党是造成汽油价格高升的一个原因？
史密斯：是的，奥巴马总统决策不当。
筹款员：那您认为我们在11月大选中是否需要有所改变？
史密斯：是的，我也这么想。
筹款员：您能否给我您的信用卡卡号？这样您也能参与改变。

至少在理论上，"是"的答案能把积极因素像水库一样积聚起来，最终在需要的时候暴发，从而使人们捐赠。但问题是，实际上按照说"是"的模式起草的话术，多年来给予的回报率却是很低的。虽然每一步都是"是"，但最终的回答却不可避免地变成了"不"。

当本·奥特霍夫在我的课堂上读到吉姆·坎普的著作《谈判从说"不"开始》之后，就开始考虑是否可以把"不"变成加快筹款的工具。本知道，这会让潜在的捐助者没有心理负担地挂掉电话，因此要让他的基层筹款同事理解这一点会很难，因为这样做与他们之前受到的训练完全相反。但本是个聪明的家伙，他没有"一刀切"地修改所有的话术脚本，而是让一小部分基层员工试验使用"不"引导的话术。

筹款员：您好，请问是史密斯先生吗？

史密斯：是我。

筹款员：我是XYZ委员会的，我想询问您几个重要问题，主要是关于您对当下经济形势的看法。如果一切都不改变，您是否认为美国正在往最好的方向发展？

史密斯：不，情况会越来越坏。

筹款员：关于奥巴马总统11月之后继续执掌白宫，继续现状，您是否会坐视不理？

史密斯：不，我会竭尽全力不让这种情况发生。

筹款员：如果您今天就想做点什么来避免这种情况的话，您可以向XYZ委员会捐款，我们会全力为您争取的。

可以清楚地看到，从"是"转变成了"不"，如果史密斯先生想要捐款，也了解到了捐款的途径，这让史密斯先生坐到了掌控的驾驶席上，他是控制人。这种办法行之有效！效果值得称道，使用"不"引导的话术，回报率提高了23%。

本的这个故事里唯一的遗憾是，虽然结果取得了大幅提高，但他无法要求所有同事都使用这个话术。因为这与筹款的传统逻辑不符，长久以来筹款者都喜欢听"是"，并陶醉在虚假的舒适感之中。天才在一开始总是不顺利的，是吧？

另一个不可忽视的谈判天才是马克·库班（Mark Cuban），他是一个拥有达拉斯独行侠队的亿万富翁。我经常在学生面前引用他的一句谈判名言："每一个'不'都让我离'是'更近一步。"但我也提醒他们，在通往"是"的道路上，想要提取出这些"不"绝非易事。

让你的对手觉得说"不"和真正引导他们说"不"绝不是一回事。有时候，如果你在和一个走神的人说话，唯一能让他回过神的办法就是唱反调，让他们说"不"。

这样做的最好方式是故意错误地标注对方的情感或者欲望。你说一些自己明知是错误的东西，比如在对方想要留下来时，故意说"似乎你真的决心放弃这份工作"。这样就逼得他们仔细听，并在用说"不"来纠正你的时候获得舒适感。

另一种在谈判中迫使对方说"不"的方法是，询问对方什么是他们不想要的。你可以说："让我们一起讨论一下你在什么情况下会说'不'。"人们这时会很自然地说"不"，因为这让他们感觉到了自我保护。一旦你成功地让他们说出了"不"，人们就会更开诚布公地提出新的选项和想法。

"不"同样也是一种探测器，就像以前煤矿里用来测试氧气含量的金丝雀。

如果你竭尽所能，对方还是不说"不"，那么你面对的这个人可能是不愿做决定的，或者非常糊涂，或者另有所图。在这种情况下，你必须结束谈判转身离去。

你可以这样想：没有"不"就不会前进。

电子邮件的魔力：如何不再被忽视

除被忽视外，没有什么事能更让人恼怒了。被贬低让人不快，但没有任何回应也是如此。这让你觉得自己不被看见，就像你不存在一样。这是对你时间的浪费，我们都经历过：你给期望合作的商业伙伴发出一封电子邮件，而他们完全忽视了你，然后你又发出一封礼貌的追问邮件，却再次石沉大海。你该怎么办？

你们已经放弃这个项目了吗？

这封一句话的邮件使用了最佳的"不"的导向问题，并利用了对方避免损失的人类天性。邮件期待的"不"的回答，让另一方感到安全和控制的幻觉，同时引导他们向你解释自己的立场。

同样重要的是，你在自己的语句中也写出了自己将要经历的潜在风险。为了防止风险发生，减少他们的损失并显示自己的能力，对方会很自然地立即回复表示不同意："不，我们的优先事项并没有改变，我们之前只是陷入了一些麻烦……"

如果你已经做父母了，你应该本能地使用过这个技巧。在你孩子不愿意离开家、公园或者商场的时候，你是怎么做的？你会说"好吧，那我走了"，然后开始往外走。我猜一半以上的情况下，孩子都会喊："不要，等等我！"然后追上来。因为没有人愿意被抛弃。

现在，在商业活动中这样对人说，似乎有一些鲁莽。但你要转变观念，这并不鲁莽，虽然话说得比较直接，但里面隐藏着说"不"的安全感，忽视你才是真正的鲁莽。我不仅在北美成功地使用这个技巧，而且和另外两种不同文化的人也成功地使用，而他们是出了名的不愿说"不"的人。

学习要点

在日常生活中使用本章讲述的方法，对许多人而言会存在困难，因为他们与社会中主要的信条产生了直接冲突，这个信条就是"对人友善"。

我们已经把友善变成了一种工具，用来润滑社会的车轮，但这常常只是一种手段。我们很懂礼貌，我们不可否认的是，在日常生活和工作中要最大限度地避免摩擦，但当我们把友善当作润滑剂的时候，就变成是在榨取它的意义。一个微笑和点头可能表示"让我离开这里"的意思，也同样可以表示"很高兴见到你"的意思。

这对优秀的谈判者而言是致命的，他们的力量来自对对手处境的理解，以及提取对手的期待和需求信息，提取这些信息意味着让对方感到安全和有控制力。听起来可能有些矛盾，但做到这一点的方法确实是要让对方不同意，从而限制他们的辩解，通过说清楚他们不同意的东西，反过来界定他们的期待。

当你尝试使用本章的方法时，我希望你能把它们看作对抗"友善手段"的方式。这并不意味着它们是不友好的，而是说它们是真实可信的。引导说"不"能剥去"是"的虚伪外衣，能让你了解真正的价值所在。在整个过程中，请记住以下有用的要点：

- 改变努力让别人说"是"的习惯。推动对方说"是"让人产生抵触。在别人推动我们说"是"的过程中，由于我们对听到"是"感觉喜爱，让我们无法看到自己的防御性感受。

- "不"并不等同于失败。我们以前以为"不"是"是"的对立面，要不惜代价避免这个字的出现。但实际上，它经常意味着"稍等"或"我对此不满意"。要学会冷静地倾听对方说"不"，这并不是谈判的终结，而是起点。

- 让对方说"是"是谈判的最终目标，但不要在一开始就把它作为目标。在对话中过早地让他人说"是"（"史密斯先生，你爱喝水吗？"），会让对方产生警觉，并把你看作一个不值得信任的销售员。

- 说"不"让说话者感到安全和控制力，因此要激发对方说"不"。通过表达什么是不想要的，你的对手框定了他们的空间并对你有了信任，也愿意听你说话。这就是为什么"现在你不方便说话吧"总是比"你有几分钟时间和我聊一聊吗"的效果要好。

- 有时候，让对方听你说话或和你接触的唯一方法，就是强迫他们说"不"。这意味着故意地错误标注他们的情感和需求，或问一些明显荒谬的问题，比如"似乎你想让这个项目失败"，这样说对方只能进行否定的回答。

- 在他们自己的世界里谈判。能否说服对方并不与你有多聪明、多圆滑或多强硬有关，而要让对方相信你想要的解决方法是他们自己的想法。因此，不要用逻辑或者强硬的方法打击对方，而是问一些引向你设计目标方向的问题。其实这和你无关。

- 如果你的潜在商业伙伴忽视了你，请用一个简洁明了的"不"引导问题和他们联系，这个问题暗示他们，你将要退出了。"你们已经放弃这个项目了吗"这一类的问题能产生奇迹般的效果。

第五章

◦● 得到一句话，瞬间改变谈判 ●◦

如何成功地
说服他人

2000年8月，菲律宾南部的伊斯兰军事组织阿布沙耶夫（Abu Sayyaf）宣布，他们抓获了一名美国中央情报局（CIA）的探员。事实上，这件事并没有那么大的新闻价值，对叛军而言价值也不大。

阿布沙耶夫组织绑架了杰弗里·席林，一个24岁的美国人，他当时正在该组织的大本营霍洛岛附近旅游。席林来自加利福尼亚，他现在成了人质，绑匪索要的赎金为1000万美元。

当时，我是FBI精英危机谈判部门（Crisis Negotiation Unit，CNU）的一名特别监察员（Supervisory Special Agent，SSA）。CNU相当于谈判领域的特种部队，它从属于FBI的人质解救分队（Hostage Rescue Team，HRT）。这些部门都是国家反恐组织的重要组成部分，他们是精英中的精英。

CNU的总部位于弗吉尼亚州匡提科的FBI学院。FBI学院使匡提科这个城市出名，无论是否是真的，即便没有信息中心的称呼，匡提科已经拥有了执法中心的美誉。当谈判出现问题时，谈判人员会直接询问"匡提科"有什么建议，这实际上是在询问CNU。

CNU在高代价的世界危机谈判中发展出了一套强大的方法，叫作"行为变化阶梯模型"（Behavioral Change Stairway Model，BCSM）。这个模型建议采取5个步骤：主动倾听、感同身受、和谐一致、发挥影响和行为改变。它把所有的谈判看成从倾听到影响行为的过程。

这个模型的由来可以追溯到杰出的美国心理学家卡尔·罗杰斯（Carl Rogers），他认为真正的改变只会在治疗者真正接受被治疗者的情况下才会发生，这被称为无条件的正面认知。但是按照罗杰斯的解释，我们中的大部分人却认为获得友爱、褒扬和批准是源于别人（最初是父母）认为你的所作所为是正确的。这是因为大部分人认为，我们经历的一切都是有条件的，于是我们产生了一种隐藏的习惯，隐藏我们真实的一面和真实的思考，用我们的言语来获得赞同，但几乎从不袒露心扉。

这就是鲜有社交导致的行为改变。设想有一个刚刚从严重的心脏冠状动脉手术中恢复过来的病人，医生告诉病人："手术不能根治你的病，真正能延长你生命的唯一办法是改变你的生活方式……"充满感激的病人会说："是的，是的，是的，当然是这样，大夫！这是我的第二次机会，我一定会改变！"

他们会改变吗？一次次的研究表明，不会，什么都不会改变。在手术两年之后，90%的病人一点儿都没有改变他们的生活方式。

虽然我们每天和孩子、老板或顾客谈判的代价并不像人质谈判（或健康危机）那么大，但从心理学环境上讲，需要的都是真正发自内心的改变，而不是临时的服从。

如果你成功地把他人推上了行为改变的阶梯，每一步都将产生更多的信任和联系，当无条件的正面认知建立时，等到了突破的时刻，你将开始施加影响。

行为变化阶梯模型及其技巧已经经过了多年优化，我现在可以教任何人做到，但作为知识丰富的心脏病医生或商学院的毕业生，会非常相信世界闻名的谈判著作《谈判力》，但最终发现，如果自己听到的都是"是"，将很难达到书中所描述的目标。

你将很快学到，在谈判中最动听的一句话其实是"你说得对"（That's right）。

创造微妙的顿悟

我在席林绑架案发生时还是一个新手。我之前花时间研究过菲律宾，并在纽约参加联合反恐任务小组期间学到了一些有关恐怖主义的背景知识。

席林被绑架的几天后，我和同事查克·雷吉尼一起飞往了马尼拉，开始负责谈判。我们与 FBI 在马尼拉的最高级别官员吉姆·尼克松一起，与菲律宾军方官员进行了磋商。他们同意由我们主导这次谈判，然后我们立即着手开展工作。我们中的一个人负责为 FBI 及美国政府制定谈判战略，这个任务落到了我的头上。在同事的支持下，我的任务是制定战略、申请批准并执行落地。

就这样，在席林绑架案中，我让 FBI 成为国际绑架谈判的主导者。

我们的主要敌人是阿布·萨巴亚（Abu Sabaya），他是叛军的首领，并直接负责席林赎金的谈判。萨巴亚加入叛军已久，十分冷血暴力，他就像是电影里反社会的恐怖杀手。他犯过强奸、谋杀和斩首的罪行。他喜欢把自己的血腥行动拍摄下来寄给菲律宾媒体。

萨巴亚经常戴着墨镜，他有一个大鹰钩鼻，穿着黑色的 T 恤和迷彩裤子，他认为这样看起来更威武。如果你看过这个时期阿布沙耶夫组织的录像，你总能看到里面有一个戴着墨镜的人，他就是萨巴亚。

萨巴亚非常喜欢媒体，他把自己的电话告诉菲律宾的媒体。记者们用他加禄语（他的母语）给他打电话向他提问题。他会用英语回答，因为他想让全世界在美国有线电视新闻网（Cable News Network，CNN）上听到他的声音。"他们应该给我拍摄一部电影。"他这样对记者说。

在我眼中，萨巴亚是一个冷血的商人，自我膨胀得比得克萨斯州的面积都大。他是一个十足的贪得无厌的家伙，萨巴亚知道自己正身处一场商业游戏中，杰弗里·席林就是他手中有价值的东西。他能拿他换来多少钱？他想要知道结果，但我打算给他一个吃惊的，并不让他欢喜的结果。作为一名FBI的探员，我要做的是让人质获得自由，将犯罪嫌疑人绳之以法。

在任何谈判中的一个关键方面是，要弄清你的对手是依据什么提出现在的要求。萨巴亚抛出的1000万美元的赎金要求，是经过精心计算的。

首先，美国政府曾悬赏500万美元征集1993年世贸中心爆炸案的在逃犯罪嫌疑人信息。萨巴亚辩称，既然美国政府为了抓住不喜欢的人愿意出价500万美元，那么为救出一个公民，政府应该愿意出更多的赎金。

其次，根据最近的报道，阿布沙耶夫组织的另一分支，从6名西欧人质身上捞到了2000万美元。利比亚强人穆阿迈尔·卡扎菲（Muammar Gaddafi）曾把赎金称作"发展援助费"。和他的谬论一起发生的是，支付的赎金里有相当一部分是伪钞。这是卡扎菲的一个机会，既能拥抱西方政府，又能转手把钱给他同情的组织。我相信他直到临死，想起这件事都会发笑。

先不管这些，无论如何对方已经给出了一个赎金的要求。萨巴亚做过计算并认为席林值1000万美元。问题是，杰弗里·席林出身于一个工薪家庭，他的母亲也许最多只有1万美元，美国政府甚至不准备为他付1美元。但如果能起到"针刺"效果，我们可以答应付一些赎金。

如果我们能把萨巴亚拖进讨价还价的阶段，我们就有一种在任何情况下都能奏效的讨价还价的系统可以使用。我们能随心所欲地击倒他，把人质解救出来，发出"针刺"。

几个月以来，萨巴亚拒绝谈价格。他辩称，自从16世纪西班牙殖民者带来天主教，菲律宾的穆斯林饱受了500年的压迫。他援引个别针对他的伊斯兰同胞的残忍行为，解释为什么阿布沙耶夫组织想要在菲律宾南部建立一个伊斯兰国家。他声称，他们的捕鱼权利受到了侵犯。你可以断定，他思考过并利用了这些事件。

萨巴亚索要1000万美元的名义是战争损失,而非赎金。他坚持自己的要价,把我们排除在我们设定的讨价还价机制之外,而我们还指望这个机制能起作用。

他还不定期地威胁,表示他正在折磨杰弗里·席林。

萨巴亚直接和一名菲律宾军队官员本吉谈判,他们用他加禄语对话。我们仔细阅读翻译成英语的文本,以此为依据向本吉提出建议。我进进出出马尼拉多次,观察谈判和战略上的进展。我指导本吉提问他们席林与500年来穆斯林和菲律宾人的血腥战争有什么关系,并让他告诉萨巴亚,1000万美元的赎金是不可能成交的。

无论我们采取什么方式与萨巴亚"理论"席林与战争损失无关,他一直装聋作哑。

我们的第一个"你说得对"的突破是在我们和本吉沟通时出现的。他是一名真正的菲律宾爱国者和大英雄,作为菲律宾国家警察局的特别行动部队负责人,他勇敢地承担起了战斗的重任。本吉和他的战友多次一起参加人质解救行动,他们有着骄人的战绩。他的下属没有理由畏惧,他们很少束手束脚。

本吉想对萨巴亚采取强硬的态度,对他直截了当,不说没意义的话。我们想和萨巴亚保持对话,以便发现是什么引发了他的敌对行动。实际上,我们想和敌人建立起某种和谐关系,这对于本吉而言,感觉有点接受不了。

本吉告诉我们,他想要休息一下。我们每天和他一起工作的时间将近24小时,一周7天,连续几周没有休息,他希望能有点儿时间回到马尼拉北部山区看望家人。我们同意了,唯一的条件是我们陪他一起回去,并且在周六和周日每天也花上几个小时一起讨论谈判策略。

星期天晚上,我们坐在美国大使的夏季别墅图书馆里,继续研究谈判策略。我向本吉解释,即便是对像萨巴亚这样的危险敌对分子,建立一种和谐的工作关系也是有价值的。我看到他脸上露出了愤怒的表情，我意识到我也需要和本吉谈判。

"你痛恨萨巴亚，不是吗？"我说，然后开始用"标注"的方法。

本吉开始向我倾诉。"我告诉你，我恨透他了！"他说，"他犯下了杀人和奸淫的罪行。我们向他的藏匿地点发射迫击炮的时候，他在我们的无线电频道里说'这些迫击炮现在听来就像是音乐'。还有一次，他的声音又出现在我们的无线电里，他当时站在我下属的尸体上庆祝。"

本吉脱口而出的这些话与"你说得对"有同等意义，因为他承认了自己的愤怒，我看他慢慢控制住了怒火并平静下来。虽然他之前表现亮眼，但从这时候开始，本吉已经变成了一个超级明星，他已经成长为一名真正有天赋的谈判专家。

我和本吉之间的这场"谈判"与我和其他同事之间的战略分歧谈判没有区别。在你说服他们看一看你要完成的目标之前，你必须说一些让他们能回答"你说得对"的事情。

"你说得对"这个突破一般不会发生在谈判的开始阶段。它发生的时候，对方是看不见的，然后他们就会拥护你所说的话。对他们而言，这是一种微妙的顿悟。

通过总结触发"你说得对"

经过4个月的谈判，萨巴亚依然拒绝让步。我认为已经到了要摁重启按钮的时候了。

本吉在对话上做得如此好，以至于你发现萨巴亚有好几次都必须在与本吉通话前踌躇一个小时，思考如何才能实现他的要求。他会在打电话时说："告诉我行还是不行！只要说行还是不行就可以了！"

我们必须让萨巴亚放弃毫无意义的战争损失这一说法，然而无论我们用哪种提问、逻辑和道理劝说他，他就是不放弃。他还时不时地发出对席林的威胁，每次我们都要通过谈话让他平静下来。

为了打破现在的僵局，我们需要通过某种方式，用萨巴亚自己的话来重新定位他，以便消除障碍。我们需要他说出"你说得对"。那时候，我还不敢肯定这会给我们带来什么样的突破，我只知道我们要相信流程。

我写了一份两页纸的文件，指导本吉改变策略。我们将使用主动倾听领域的所有技巧：

1. 有效的停顿：沉默的力量是强大的。我告诉本吉在强调的时候使用停顿，鼓励萨巴亚保持对话直到最后，就像走出沼泽一样，把他的情感从对话中抽出来。

2. 最低限度的鼓励：除沉默外，我们指导他使用简单的词语，比如"是""好的""了解了"等有效地传递信息，表明本吉正在全身心地关注萨巴亚和他说的话。

3. 重复：不要与萨巴亚争吵关于把席林和战争损失区分的事，本吉需要倾听，然后把萨巴亚的话重复回去。

4. 标注：本吉应该让萨巴亚感觉到他的感受被辨认出来。"这一切都是悲剧性的不公平，我现在可以看出为什么你这么恼怒。"

5. 释义：本吉要用自己的语言重复萨巴亚说的话。我们告诉他，这样做足以显示你真的理解他的关切，而不是不走心的鹦鹉学舌。

6. 总结：一个好的总结包括重新组织对方话语里的含意，加上对言语意义之下情绪的认知（释义＋标注＝总结）。我们告诉本吉，他需要倾听和重复"阿布·萨巴亚的世界"。他需要完完整整地总结萨巴亚提出的关于战争损失、捕鱼权利和500年压迫的荒谬说法。一旦他完全做到这些，萨巴亚唯一的反应，也是所有人对一个优秀总结的反应，都会是"你说得对"。

两天后，萨巴亚又给本吉打了电话。萨巴亚说话，本吉倾听。本吉开口的时候，遵循了我的策略：他对叛军的窘境表示同情。重复、鼓励、标注，每一种方法都无缝衔接，一点点积累起来让萨巴亚的态度软化，并开始让他转变看法。最后，本吉用自己的话重复了萨巴亚的历史观以及与之相对应的情绪。

萨巴亚几乎沉默了一分钟，最后他开口了。

"你说得对。"他说。

我们结束了这次通话。

战争损失的赔偿要求不见了。

从那个时刻起，萨巴亚再也没有提过钱的事，他再没有为释放杰弗里·席林提过一美分的要求。他最后被这件绑架案弄得疲惫不堪，放松了对这位年轻的加利福尼亚人的看管。席林从他们的营地里逃脱了，菲律宾特种部队迅速赶来将他救出，他平安地回到了加利福尼亚的家中。

杰弗里·席林逃脱两个星期之后，萨巴亚又给本吉打来了电话。

"你获得晋升了吗？"萨巴亚问，"如果还没有，我觉得你应该被晋升。"

"为什么？"本吉问道。

"我当时正打算杀了席林。"萨巴亚说，"我不知道你是怎么阻止我的，但无论怎么样，你的策略奏效了。"

2002年6月，萨巴亚在一次和菲律宾军方的对射中被击毙。

在人质生命谈判的压力下，我并不赞赏"你说得对"这句话的价值。但当我研究了一些谈判的文字记录和轨迹重建之后，我意识到萨巴亚在说出这句话之后发生了改变。本吉使用了我们多年来总结出的一些基本技巧，他成功地反馈了萨巴亚的看法，从冲突氛围中获得主动后，他允许萨巴亚自由发表意见，让对手对事件的兴趣消失殆尽。

"你说得对"给出的信号是谈判可以从僵局重启，它打消了前进道路上的障碍，与我们的对手之间产生了认同点，事实上让他同意在这一刻放弃。

这是一个不为人知的胜利。

当你的对手说"你说得对"的时候，他们会觉得自己已经评估了你的话，并且变成了他们自主的观点，然后说了出来。他们欢迎你的说法。

"你说得对"让我们能设计对话并让萨巴亚转变行动，不再去伤害席林。这也让菲律宾的特种部队有时间准备他们的营救计划。

在人质谈判中，我们从来不会努力让对方在最后时刻说"是"。我知道如果没有"怎么办"，"是"本身是毫无意义的。当我们把人质谈判技巧运用到商务工作中时，我们发现"你说得对"往往会导向最好的结果。

"你说得对"很重要，但"你是正确的"没有作用

在所有的谈判中，"你说得对"都是一种导向制胜的战略，但如果你听到的是"你是正确的"，就会带来灾难。

拿我的儿子布兰登成长为一名橄榄球运动员的经历为例。他在高中的时候既做过进攻，也做过防守。他身高1.8米，体重225斤，是个大块头。他喜欢把每一个穿着对手运动衫的人撞倒在地。

他打过四分卫之后，我发现自己并不完全欣赏他那种喜欢做前锋冲锋陷阵的蓝领作风。前锋就像是一只好斗的山羊，它低下头撞倒一切，并以此为乐。

在康涅狄格州的圣托马斯摩尔预备学校（St. Thomas More）期间，布兰登的教练把他挪到了中后卫的位置，他的角色立刻从撞倒一切变成了防止对方撞倒自己。他按计划应该打封锁，如果可能的话，躲过冲上来的对手并能得到

球，但是布兰登仍然和直接冲上来的对手针锋相对地直接冲撞，这让他无法成为控球者。他的教练要求他避免阻挡，但他不听，他喜欢冲撞，他觉得把对手碾压在地是一种荣耀。

我和教练都努力向他解释，每次我们都得到最糟糕的回答："你是正确的。"理论上他同意，但是他并没有认同结论，他又会去重复我们希望阻止的做法。因为他会破坏阻挡队形，导致自己出局。

为什么说"你是正确的"是一个最糟糕的答案呢？

请想一想，当别人打扰你的时候，他们不会轻易放弃，不会倾听你说的任何东西。你怎样对他们说才能让他们闭嘴离开？你只能说"你是正确的"。

这样做每次都能起作用，对别人说"你是正确的"，他们就会露出开心的笑容离去，让你能一个人待上24小时。但实际上你并没有同意他们的立场，你使用"你是正确的"只是为了让他们不要再打扰你。

在布兰登身上，我也遇到了同样的问题。他不听我的，也不赞成我的要求。我该怎么做才能管住这个孩子呢？我怎么才能说服布兰登帮他做出改变呢？

我想到了本吉和萨巴亚的案子。在一场关键的比赛前，我把布兰登喊到身边。我在脑海里寻找办法，希望听到"你说得对"的回答。

"你似乎觉得躲避冲撞显得不够阳刚，"我对他说，"你认为给向你冲来的人让路是懦弱的做法。"布兰登看着我，沉默了。

"你说得对。"他说。

布兰登说出了这句话，接受了这个拖住他不愿改变的原因。当他理解自己为什么会努力撞倒每一个进攻者之后，他发生了改变，他开始避免阻挡，成了一名优秀的中后卫。

由于布兰登在中后卫位置上的出色表现，圣托马斯摩尔预备学校每一场比赛都取得了胜利。

用"你说得对"做销售

获得对方"你说得对"的回应帮助了我的一位学生,她是一家大型制药企业的销售代表。

她向一位使用类似药物的医生推销一款新产品,这位医生是她所在地区使用类似药物最多的人,因此向他推销对于她的业绩至关重要。

在第一次约见时,这位医生拒绝了她的产品,他说这款产品并不比他现在使用的好。他的态度是不友好的,甚至听她陈述都表现出厌烦。当她介绍产品优点的时候,他打断了她,并声称这些优点不值一提。

为了推动销售,她迅速了解尽可能多的关于这位医生的信息。她了解到他对治疗自己的病人十分热心,每一位病人在他眼中都是特殊的;他的最大成果是能让病人在情绪上平静下来。她将如何做才能理解他的需要、渴望和热情,然后为她所用呢?

在接下来的一次拜访中,医生问她想要讨论什么药物,她并没有直接宣传产品的优点,而是开始聊他和他的病人。

"医生,"她说,"上次我来的时候,谈到过您病人的情况。我记得您对治疗非常有热情,而且您会根据每一位病人的特点因人而异地开展治疗。"

他盯着她的眼睛看,好像是第一次见面似的。

"你说得对。"他说,"我真的觉得自己是在治疗一种其他医生不管的传染病,我的意思是许多病人其实没有得到足够的治疗。"

她告诉他,他似乎对如何医治病人有深刻理解,特别是常规药物对部分病人没有效果。他们讨论了关于他在治疗病人过程中面对的具体挑战,他给她举了些例子。

等他说完,她总结了一下他的话,特别是治疗过程中的复杂之处和困难问题。

"您会为每一位病人制定不同的治疗方法和药方。"她说。

"你说得对。"他回应说。

这正是她所期待的突破点。这位医生之前对她是怀疑和冷淡的,但当她用总结的方法指出他对病人的热情之后,防御的围墙倒塌了,他放下了戒心,她获得了信任。不同于自吹自擂她的产品,她让他描述他的治疗方法和程序。通过这样做,她了解了她的药物如何才能符合他的医疗实践,然后她重新表述了他在工作中的挑战,把同样的信息返还给了他。

当这名医生表现出信任和和谐的信号之后,她就可以介绍她的产品功效,详细解释产品如何帮助他获得想要的结果,帮到他的病人。他认真地听她往下讲。

"我有一位治疗的病人,我现在开的药对他没效果。也许你的药是一个完美的治疗办法,"他对她说,"让我给你一个机会试验一下吧。"

她成功地完成了销售任务。

用"你说得对"取得事业成功

我的一位韩国学生在与他的前老板谈判争取新工作时,获得了"你说得对"的反馈。

他在美国获得了 MBA 学位,希望未来回到首尔后,能在公司的消费电子部门工作,而不是回到他读书前所在的半导体部门。他是一位人力资源专家,根据公司规定,除非之前的上级同意他转岗,否则他必须回到之前的部门。消费电子部门已经有两个职位向他抛出了橄榄枝,于是他给之前在美国的前领导打了个电话。

"你应该拒绝他们的聘书,继续在半导体部门找到适合你的位置。"他的前领导说。

我的学生沮丧地挂了电话,如果他想要在公司里有所发展,就必须服从前领导的意见。于是他拒绝了两份聘书,并打算回到半导体部门。

在这之后,他给在公司人力部门工作的一位高级经理朋友打电话,想核实一下公司的规定。他发现没有规定要求他必须留在原部门,但确实需要前领导的积极态度才能转岗。

他又给前领导打了个电话,这次他通过提问把自己解救了出来。

"您让我留在半导体部门,有什么理由吗?"他问。

"对你来说这是最好的职位。"前领导说。

"最好的职位?"他说,"似乎没有规定说我必须留在半导体部门。"

"呃,"他的前领导说,"据我所知是没有这样的规定。"

"那您是否能告诉我,为什么您决定把我留在半导体部门?"他问。

前领导说他需要有人帮他建立半导体部门和消费电子部门之间的关系网。

"这样看来,您应该会同意我去做新的工作,无论在哪个部门,只要我还在总部,就能帮助您让双方部门的高级经理进行沟通。"

"你说得对。"他说,"我承认我确实需要你在总部帮助我。"

我的学生意识到自己已经取得了突破,不仅让他的前领导说出了动听的"你说得对",而且前领导也透露了他的实际动机:他在总部需要一个盟友。

"您需要我帮您做些什么?"他问。

"让我来把一切告诉你。"前领导回答说。

原来,他的前领导将在两年后有机会被提拔为副总裁,他急切地想要获得这个升职机会,他需要有人在总部为自己向CEO游说。

"我会尽一切可能帮您的。"我的学生说,"即使我去了消费电子部门,也可以帮你建立关系网并且游说CEO,是吗?"

"你说得对。"他说,"如果你能从消费电子部门拿到聘书,我就批准。"

太好了!通过提出问题,我的学生获得了"你说得对"的反馈,达到了他的目的。他还让自己的前领导透露了两只"黑天鹅",也就是在谈判中没有明说的、能产生突破效应的隐藏信息（将在第十章深入讨论）：

· 他的前领导需要有人帮他在总部建立关系网。
· 他的前领导将会晋升，需要有人帮助他向 CEO 递话。

我的学生如愿以偿地得到了消费电子部门的工作，并一直保持着与前领导的联系和沟通。

"我惊呆了。"他在给我的一封邮件中写道，"在我们的文化里，几乎不可能知道领导是怎样想的。"

我有很多机会能在全国旅行并和许多商业领袖对话，有的是正式会谈，有的是私人咨询。我讲的故事让他们觉得有趣，然后我会解释一些基础的谈判技巧。我总是会传授他们几个技巧，得到"你说得对"是我主推的技巧。

在洛杉矶进行了一次演讲后，有一位名叫埃米丽的听众给我写了一封电子邮件：

克里斯，你好，我必须写信告诉你，我刚刚在一次与潜在客户的价格谈判中，使用了"你说得对"的技巧，结果得偿所愿。我太兴奋了！

在此之前，我很可能就会得到一个"中间价"（在我的原始出价和他的原始应价之间，取中间点的价格）。这次，我相信自己能正确地评估对方的动机，通过恰当的语言来获得对方心中的"你说得对"……后来，对方提出了一个我期望的解决方案，并且问我是否同意，我当然就欣然接受了。

谢谢！

埃米丽

看完信，我自己也认为"你说得对"。

学习要点

"同床异梦"是中国的一个成语，表示婚姻或商业伙伴有着亲密的关系，却没有用必要的沟通方式维持这种关系。

这对于婚姻和谈判而言都是糟糕的。

每一方都有各自的宗旨、目标和动机，导致口头上的好话，也就是圆滑社交中的"是"和"你是正确的"泛滥成灾，这些话不能反映你和对方之间对实质性问题的任何真正理解。

要想达到真正理解，而不是简单的一个"是"，就需要谈判的艺术。当你让对方相信你真的理解他的梦想和感受时（他内心的整个世界），才有可能发生精神和行为上的改变，才能给突破奠定基础。

你需要使用以下要点打下这个基础。

·为了打开改变想法和行为的大门，需要营造无条件的积极氛围。人类对于建设性的社会行为，有一种本能的急迫和向往。一个人越觉得自己被理解，就会越急切地采取建设性的行动。

·"你说得对"比"是"更好。要努力得到这个回应。在谈判中如果得到"你说得对"，就可以产生突破。

·通过总结触发"你说得对"。一个好的总结的组成，包括标注和释义。认定、重新组织语言和带情感地说出"在你的世界看来……"

第六章

◦● 扭转现实 ●◦

在面临失败时，
该如何努力塑造结果

在一个星期一的上午，在海地首都太子港，一个电话打进了FBI驻当地的办公室，打来电话的是海地一位著名政治家的侄子。他说话的速度太快了，直到把来龙去脉重复了3遍我才听懂。我得到的基本信息是，绑匪把他的姨妈从她的车上劫走了，然后索要15万美元作为赎金。

"把钱给我们，"绑匪告诉他，"否则你的姨妈死定了。"

2004年海地叛军推翻了让-贝特朗·阿里斯蒂德（Jean-Bertrand Aristide）总统，海地陷入了混乱之中，国无法纪，海地超越哥伦比亚变成了美洲的绑架之都。实际上，在这个人口只有800万的加勒比国家，每天遭到绑架的人有8~10人，在世界上也赢得了绑架比例最高的"桂冠"。

当时在这波猛烈的绑架和死亡威胁的浪潮下，我是FBI主要的绑架案谈判人员。我之前没有看到过这种情形——办公室里似乎每小时都会收到关于绑架案的报告，绑匪越来越大胆，光天化日下在太子港作案。这些案子包括：14名学生在校车上被绑架；美国传教士菲利普·斯奈德被伏击，和跟他在一起的一个海地孩子被绑架，他原本计划带这个孩子去密歇根州做眼科手术；还有许多海地的政治家和商人在光天化日下被人从家中绑走。没有人是安全的。

大部分绑架的方式都是一样的：蒙面绑匪包围一座房屋或者一辆汽车，持枪威胁事主开门，抓走一名弱势的人质，人质往往是妇女、儿童或者老人。

在早期，绑架案有可能是一些政治联盟的流氓干的，他们想要借此给海地新政府制造动荡。后来证明这是错的，海地的犯罪集团确实会被政治力量雇佣做一些残忍的事，但进入了绑架环节之后，所有都变成了商业问题。

后来，我找到了把各种线索拼凑起来的办法，找出谁是行凶者以及他们真正想要什么，这是在和匪徒们谈判并在瓦解他们的过程中所需要的无价信息。但当我开始准备具体研究这些高赌注、有关生死的谈判时，这些信息几乎都还未浮出水面。

当星期一早上这位政治家的侄子打电话到警察局时，他已经吓坏了，他只在考虑一件事——向匪徒支付赎金。他的反应是可以理解的，当你接到一个残忍的犯罪分子的电话，说他会杀了你的姨妈，除非立即付钱，在这种情况下几乎不可能找到抗衡的手段。因此，你付钱，然后他们放人，是这样吗？

不对，抗衡的手段总是存在的，谈判从来就不是一个线性方程，不是 X 加上 Y 等于 Z，我们都有不理性的盲点、隐藏的需求和尚未发现的信息。

当你能理解那些由没有说出口的需求和想法构成的隐秘世界后，你就会发现一个新的宇宙，那里有各种各样的办法可以用来改变对手的需求和期待。通过利用一些人对期限的恐惧，利用特定数字的神奇力量，以及我们对寻求平等关系的误解，我们总能找到办法来扭曲对方对现实的看法，引向我们最终想要给他们的结果，而不是他们最初认为自己应得的结果。

不妥协

让我们回到 15 万美元赎金的要价上来。我们总是被告知要寻找双赢的解决方案，要去适应现实，要展现方案的合理性。因此在现在这样的情况下，怎么才算得上是双赢？什么又算得上是可以妥协的呢？影响我们的早期传统谈判逻辑认为，值得称道的妥协会说："让我们把分歧折中一下，付给他们 7.5 万美元吧，这样大家就都能满意。"

不，显而易见，这样行不通。这样的"双赢思维"被许多谈判专家推崇，但经常是无效的甚至有损害的，造成双方不满已经是最轻的后果了。如果你与一位只有"非赢即输"观点的人使用这个方法,你就是在自欺欺人。

当然,如我们之前所说,我们需要保持合作,构建和谐,感同身受,这样才能营造有利于达成协调的氛围。但你不要太天真,因为"折中分歧"的妥协方法很可能会造成严重的后果。这种妥协往往会导致一个"坏的协议",而我们在本章节中将重点讲到的一个关键理论就是:"没有协议也好过一个坏协议。"

即使在绑架案中?

是的,绑架案中的坏协议就是,钱付出去了,但人并没有放回来。

为了阐述清楚我对"妥协"的看法,我来举一个例子:一个女人想要她的丈夫穿黑色的鞋子搭配西装,但她的丈夫并不愿意这样做。那么,他们会怎么做?如果他们会妥协、折中,你就能猜到他会穿一只黑色的鞋子和一只棕色的鞋子。这是最好的结果吗?当然不是!在这个世界上,这是最糟糕的结果!其他的任何两种结果,无论是穿黑色的还是棕色的,都比这种妥协的结果要好。

所以下次当你想要妥协的时候,请回想一下这个穿鞋的例子。

如果妥协经常导致糟糕的结果,那么我们为什么对它还是如此迷恋?

关于妥协的真正问题是,妥协被看作一种伟大的概念,无论在人际关系、政治关系或在其他领域中。妥协,我们说起来简单,其实是一个神圣的道德优点。

我们回过来思考海地绑架案中绑匪要求的赎金:最好是没有赎金,政治家的侄子希望一美分都不付,虽然比原先15万美元少了许多,那么为什么要提出7.5万美元的方案呢?15万美元的赎金要求是没有根据的,这时候有任何的妥协,都会让政治家的侄子陷入异常糟糕的困境。

之所以说这样的妥协是毫无意义的,是因为这样做并不正确,这样做只不过最为方便,也能保留面子。我们妥协是为了说我至少已经争取了一半的利益,而深究其中的本质,我们妥协是为了安全。大部分人在谈判中是被恐惧驱动的,或是渴望避免痛苦。只有极少的人是被他们真正的目的驱动的。

因此，一条简单的原则是，永远不要提出折中分歧的方案。有创造性的解决方案总是带有某种程度的风险、烦恼、困惑和冲突，调整适应和做出妥协并不会产生上述风险、烦恼、困惑和冲突。我们要敢于迎接困难的挑战，才能获得伟大的协议，这也是伟大的谈判者需要做的。

时限：让时间成为你的盟友

时间在任何谈判中都是最重要的变量之一。时间的流逝，以及更敏感的最终时限，都会产生压力，促成每个交易的达成。

无论你的时限是真实存在、不可更改的，还是像在沙滩上画的线那样稍纵即逝，都会让你觉得现在就达成这笔交易比取得一个好协议更重要。时限经常能让人们开口，并采取有激情的行动，而这些言行可能并不最符合他们的利益。因为我们在时限迫近的时候，都自然而然地倾向于加快速度。

一名优秀的谈判者要做的是，强迫自己减少这种紧迫感，并在对方身上加以利用。这并不容易。请问问你自己，时限是靠什么来造成压力和焦虑的？答案是突破时限可能产生的后果是我们对未来可能面临失败的认知——"交易没谈成"。如果在某一个特定时间还没有找到解决方法，我们的脑海里就会设想未来可能发生的情景并发出尖叫声。

如果对各种时间因素放任自流，你就被自己绑架了，会陷入一种应激反应的环境，你会做出糟糕的选择，这时你的对手就能利用你幻想的对时限的忧虑发起反击，你的反应会为他服务。

是的，我用的词是"幻想的"。这些年我在私营企业工作，让我有机会与每一位与我合作过的企业家、CEO交谈。我问他们，在他们的整个职业生涯中，有没有见过或者亲身经历过因为超过了时限而导致负面结果的谈判。在几百个被我询问的人中，只有一个人，一个孤独的男士在认真思考了问题之后，给予了肯定的回答。时限经常是随机设定的，几乎都是灵活的，极少会导致我们想象的（或是对方声称的）结果。

时限是谈判中的妖魔，几乎可以独立发挥作用，影响我们幻想的景象，会让我们产生没有必要的焦虑。我们教给客户的应对咒语是："没有协议也好过一个坏协议。"如果真能在内心记住这个咒语，他们就开始自信地认为自己有充足的时间来进行正确的谈判，他们的耐心就成了不可战胜的武器。

海地的绑架热出现几个星期后，我发现了两个现象：第一，星期一绑架频发，好像绑匪都特别"敬业"，急切地想要跳入新的一周；第二，快到周末的时候，绑匪对赎金的渴求会提高。

这些现象一开始看上去似乎并没有什么意义，但在仔细监听绑匪的要求，并向被救人质询问之后，我们发现，这些罪犯的行为完全不是出自政治目的；相反，他们只是想要在星期五得到钱，以便能在周末花天酒地。

一旦我们得知了这种现象，了解了绑匪给自己设立的时限，我们就有了两条关键性结论，能据此调整谈判手段。

首先，如果我们让谈判停滞，直到周四或周五再开始谈判，就能取得最好的结果；其次，因为在海地过个周末远远不需要15万美元，因此我们提出一个远远小于绑匪要求的赎金的金额也能让他们满意。

我们可以根据他们发出的具体威胁，判断我们的回应离他们自我设定的时限还有多远。"给我们钱，否则你的姨妈死定了"，这是一种早期阶段的威胁，因为对方并没有提出具体时限。在任何谈判中，如果威胁变得越来越具体，就表明谈判已经越来越靠近特定时间里的真实、具体的结果。衡量特定威胁的程度，我们需要关注以下四个问题被提问到了几个：什么、谁、何时和如何做。当人们发出威胁时，他们会有意识或无意识地在他们全力争取的问题上产生模糊和漏洞。我们发现，随着日子一天天接近周末，这些漏洞开始被弥补，在各起绑架案中，类似的情况反复发生，于是这种现象被总结出来。

我们掌握了这样的现象，就能预计到这类绑架案都是有内在程序的，是一个4天的过程。我无法让受害者过得更舒服一点，但显然能让绑架案的结果变得更容易预测，对受害家庭而言，付出的代价也会小得多。

时限不仅让人质谈判者能够掌控全局，也会让汽车销售人员倾向于在月底给你一个好的价格，那时他们公司需要评估当月的销售业绩。而一个按季度评估业绩的公司，他们的销售员在季度末尾是最脆弱的。

现在我们知道了谈判专家是如何利用对手的时限来获取应对方法的，我们建议你最好对自己的时限严格保密，这也是你能从大部分传统学术型谈判专家那里得到的建议。

在赫布·科恩（Herb Cohen）1980年的畅销书《优势谈判》（*You Can Negotiate Anything*）中，他讲述了自己第一次谈判大型商业交易的故事，那次公司派他去日本和供应商进行谈判。

当他抵达日本时，对方问他将待多久，科恩说一个星期。在接下来的7天里，他的供应商组织了晚会、景点观光和短途旅游等各种娱乐，但不进行谈判。实际上，直到科恩将要离开时，对方才开始认真地谈判，双方在去机场的车上敲定了最终的协议。

科恩回到美国后，心情沮丧，他觉得被愚弄了，因为在时限的压力下做出了过多的让步。如果重来一遍，他还会把自己的时限告诉对方吗？不会的，因为这提供给了对方一个自己没有的工具。"他们知道我的时限，而我却不知道他们的。"科恩说。

现在这样的思考方式还是无处不在。作为一条简单的规则，既然认为时限是一个战略弱点，大部分谈判者都会遵从科恩的建议，让自己的时限藏而不露。

请让我告诉你一个小秘密吧：科恩，以及一帮追随他的谈判"专家"，其实都错了。时限的作用是双向的，科恩如果离开日本的时候没有达成协议，他会担心老板的责难。但如果真的如此——他两手空空地离去，他的对手也不会赢。关键在于，对一方而言谈判已经结束时，对于另一方而言也是如此。

加州大学伯克利分校哈斯商学院（Haas School of Business）的教授唐·A. 穆尔（Don A. Moore）说，隐藏时限会把谈判者置于最糟糕的位置。他在研究中发现，隐瞒你的时限会显著增加谈判陷入僵局的风险。因为时限会推动你加快寻求共识，但对于另一方而言，却考虑还有足够的时间，于是便会坚持要高价。

设想如果NBA的所有者设定一个协议谈判的时限，却不告诉球员联盟，那么他们将在时限临近时不停地让步，以便在这个秘密时限到来之前拉住联盟保持谈判。在这样的情况下，隐藏时限就意味着你是在和自己谈判，陷入这种境地往往会注定你的失败。

穆尔教授发现，当谈判者告诉对方自己的时限后，他们反而取得了更好的协议结果。这是真的。首先，你公布了时限之后，就会降低陷入僵局的风险；其次，当对手知晓了你的时限，他们会投入真正的交易和让步中，让工作推进得更加迅速。

在接着往下讲之前，我还有最后一点要强调：时限并不是一成不变的，更重要的是要投入谈判进程中，并对谈判将持续多长时间有一个预感。你可能会发现在时限到来之前，你需要完成更多的谈判内容，然而留给你的时间已经不够了。

从来就没有公平的事

在我开设谈判课的第三个星期，我组织学生玩了一个我最喜欢的游戏，让学生发现他们对自己有多么不了解（我知道，这样做很残酷）。

这个游戏叫作"最后通牒"，玩法：把学生分为"建议方"和"接受方"，我给每位建议方10美元，建议方要给接受方钱。如果接受方同意了建议方的出价，那么剩下的钱就归建议方所有；如果接受方拒绝了建议，那么他们双方什么也得不到，这10美元将归还给我。

他们会"获胜"后留下钱，还是会"失败"后把钱还给我并不重要（除了与我的钱包相关），重要的是他们所出的价格。真正令人震惊的是，每次我组织这个游戏，几乎毫无例外，无论他们选择怎样做，都会发生少数人的做法和别人不同；无论他们选择6美元/4美元、5美元/5美元、7美元/3美元，还是8美元/2美元，或其他分法，他们环顾周围的同学最终都会惊讶地发现，没有一种特定的分法明显多于其他分法，就像瓜分"捡到的"10美元这样容易，没有一个协商一致的分法是真正"公平"和"理性"的。

做完这个小游戏之后，我站到教室前面，得出了一个他们并不愿意听到的结论：每一位学生的理由都是百分之一百非理性和情绪化的。

"什么？"他们说，"我做的就是一个理性的决定。"

随后，我给他们分析为什么他们错了。首先，大家的分法各异，怎么能说大家都用到了理性呢？结论是他们并不理性，他们假设对方也会有和自己一样的理由。"如果你在谈判过程中认为对方和你的想法是一致的，那你就错了。"我说，"那不是感同身受，而是把你的想法强加于人。"

随后，我进行了更深入的讲解：我问他们为什么没有人出价1美元，这对建议方来说是最理性的出价，在逻辑上接受方也是不能拒绝的。如果建议方这样做，而接受方拒绝，将会发生什么，为什么接受方还会拒绝呢？

"任何超出1美元的出价，其实都是情绪化的决定。"我说，"对接受方来说，拒绝1美元，结果最后什么也得不到，难道这样的结果比得到1美元要好吗？难道是经济规则发生了突变？"

我的学生都坚信自己是理性的人，但实际上他们并不是。我们所有人都不是，我们都是非理性的、情绪化的。情感在做决定时是一个必要的因素，让我们忽视自己的风险。我的学生终于明白了这一点，但从他们眼中可以看出他们深受打击。

在《笛卡尔的错误：情绪、推理和人脑》（Descartes' Error: Emotion, Reason, and the Human Brain）一书中，神经学家安东尼奥·达马西奥（Antonio Damasio）解释了一个他的颠覆性理论。通过研究大脑情绪生产部分受损的人，他发现这些人有一个共同的特点：他们往往无法做出决定，他们能形容从逻辑上应该怎样做，却无法做出哪怕最简单的选择。

换句话说，我们可能会用逻辑进行推理，靠近一个结论，但最终做出决定的却是我们的情感。

谈判中最强大的词，何时使用，如何使用

在谈判中，力量最强大的词是"公平"（Fair）。作为人类，别人对我们尊重程度的感受，将会对我们产生极大的影响。如果人们觉得自己被公平地对待，他们就会遵守协议，反之则不会。

对人类大脑思考长达十年的研究表明，人类的神经活动，特别是情绪调节的大脑皮层，在社交过程中会对不同程度的不公平做出不同的反馈。在一项著名的实验中，两只卷尾猴被分配了同样的任务，其中一只卷尾猴的奖励是甜葡萄，另一只卷尾猴的奖励是黄瓜。面对这种明显不公平的待遇，那只被喂黄瓜

的卷尾猴直接表现出了愤怒。

在"最后通牒"那个游戏中，多年的经验告诉我，大部分接受方会拒绝低于总资金一半的建议。当你得到的只是建议方手中资金的四分之一，接受方就会觉得受到了打击。大部分人会做出非理性的选择，宁可得不到钱，也不愿接受一个带有嘲弄意味的出价建议。因为不公平造成的负面情绪，已经超出了金钱能带来的正面理性的价值。

这种对不公平现象的非理性反应，已经扩展到了严肃的经济交易中。

你还记得罗宾·威廉姆斯（Robin Williams）在迪士尼电影《阿拉丁》里给精灵的配音吗？他因为想给自己的孩子留下一些有意义的东西，因此配音的报酬打折后只拿了7.5万美元，远低于平时他每次800万美元的收费。但此后奇迹发生了：这部电影取得了巨大的成功，票房收入达到5.04亿美元。

于是，威廉姆斯愤怒了。

你看待这件事的时候，要联想"最后通牒"这一游戏。威廉姆斯并不是因为钱而愤怒，而是因为觉得自己受到了不公平的对待。直到《阿拉丁》引起了巨大轰动之后，他才开始抱怨合同不公，他和他的经纪公司长时间地高调宣称他们受到了欺负。

威廉姆斯是幸运的，迪士尼希望它的明星们能够开心。迪士尼指出了显而易见的事实：他此前非常高兴地签署了合同，但迪士尼还是做出了令人惊讶的友好姿态，送给他一幅毕加索的画作，据报道，这幅画价值100万美元。

伊朗这个国家就没有这么幸运了。

近些年来，伊朗为了维护仅能给他们提供2%能源的铀浓缩计划，与国际制裁者进行对抗，损失了超过1000亿美元的外国投资和石油收入。换句话说，就像是一个觉得受到侮辱而不愿意接受1美元建议的学生，伊朗为了一个注定没有回报的能源项目，把自己的主要经济来源——石油和天然气收入给截断了。

为什么？这也是因为公平的问题。

世界强国已经拥有总量达到几千枚的核武器，却对伊朗能否拥有核电能源指手画脚，这对伊朗而言很不公平。伊朗想知道，为什么它想要进行铀浓缩计划就被千夫所指，而某些国家通过作假掩盖了发展核武器的企图，却被国际社会所接受？

在一次电视采访中，伊朗核问题的前谈判代表赛义德·侯赛因·穆萨维（Seyed Hossein Mousavian）一语中的。"伊朗今天的核问题已经不是核本身的问题了，"他说，"它代表了抗击外国压力下的国家的独立和完整。"

你可能不理解伊朗，但它的行动非常清晰地证明了它拒绝认知上的不公平，即便付出了实质性的代价也在所不惜，因此这是一种强大的推动力。

当你理解了"公平"是多么凌乱、情绪化和毁灭性的东西后，你就明白了为什么"公平"是一个极具力量的词，你在使用的时候就要十分小心。

实际上，人们有三种方法能扔下"公平"这个炸弹，但只有一种方法是积极的。

经常使用的方法像是柔道中的防御行动，让对方立足不稳。操作时经常采用的形式："我们只想得到公平。"

回想一下最近一次别人对你提出不公平指控的情形，我发誓你会承认当时立即触发了你的防御心理并造成了不快。这种感觉经常在潜意识里，会导致一种不理性的让步。

几年前，我的一位朋友在破产资产处理市场上出售她在波士顿的房屋。她得到的买方的报价比她期望的要低得多，这对她而言意味着将要损失一大笔钱。在沮丧中，她对打算买房的人扔出了"公平"这个炸弹。

"我只想让买卖变得公平。"她说。

如果你在商业活动中遭遇了这种指控，你需要认识到对方可能并不想掏空你的口袋。就像我的这位朋友一样,她可能只是被当时的情形冲昏了头。最好的办法是深吸一口气,控制一下自己的欲望并让步。然后说:"好吧,抱歉。让我们停下来,回到起点时我对你的不公平对待,然后我们来解决这个问题。"

第二种使用"公平"这个炸弹的情况更"穷凶极恶"。在这种情况下,你的对手会从根本上谴责你的愚钝或不诚实,他们会说:"我们已经给了你一个公平的价格。"这是一种可怕的出击,目的是分散你的注意力,从而操纵你投降。

无论何时,有人用这个方法对待我,我都会联想到美国橄榄球联盟(NFL)比赛中的封锁。

谈判到了最后关头,美国橄榄球联盟球员协会(NFLPA)说,在他们同意最终协议之前,要求球员的雇主们公开其工资账簿。你猜雇主们的回答是什么?

"我们已经给球员们公平的价格了。"

请注意其中可怕的天才逻辑:雇主们不但不公开账簿、拒绝这一要求,还把注意力转移到了橄榄球联盟球员协会身上,暗示协会不理解公平。

如果你发现自己处于这种境地,最好的回应是重复对方强加于你的"公平"这个炸弹。"公平?"你可以重复,然后停顿,让这个词自己发挥作用,就像它原先准备在你身上发力一样。这样给出的标注信息是"似乎你已经提供了证据来支持你的言论"。暗示雇主公开账簿、提供与他们公平指责相悖的信息,或给你之前不知道的更多信息。这样,你就瓦解了对方的进攻。

我最喜欢最后这种使用"公平"这个炸弹的方法,因为它是积极的、建设性的,它为谈判建立起了真诚和感同身受的平台。

我是这样使用的——在谈判前期,我会说:"我希望你能觉得自己从头到尾都被公平对待。因此如果你觉得我不够公平,请随时打断我,然后我们一起来解决问题。"

这样说是很简单清楚的,把我塑造成一个诚实的交易者。通过这番话,我让对方知道可以在我身上使用这个词,如果他们能真诚使用的话。作为一个谈判者,你应该为公平的名誉而奋斗。你的名誉高于你自己,让名誉在前方为你铺平道路。

如何发现对方背后的情感动机

几年前,我沉迷于《如何成为造雨人》(How to Become a Rainmaker)这本书,我喜欢时不时地翻一翻,复习一下对情感动机的理解,因为在决定中其实都包含了情感动机。这本书出色地诠释了销售工作并不是一种理性的争论,而是一种感情框架内的工作。

如果你让对方袒露他们的问题、痛苦和尚未达到的目标,如果你能发现他们真正想要购买的,你就能从他们的视角出发把产品卖给他们,让你的建议变成完美的解决方案。

请从最基础的层面来看:一个好的保姆,她真正出售的是什么?不是单纯地照顾孩子,而是一个让人觉得轻松的夜晚。一个卖壁炉的销售员呢?他出售的是家庭里的一个温暖的房间。一个锁匠呢?他出售的就是安全感。

知晓情感的动机,你就能框定每一项交易的好处,并用合理的语言来推导。

扭转他们的现实

拿同一个人来说,改变一两个变量,同样的100美元就可能是一个辉煌的胜利,或是一次恶毒的冒犯,意识到这一点就能让你把现实从冒犯扭转为胜利。

让我给你举一个例子吧。我有一个咖啡杯,是那种红白相间带有瑞士国旗图案的。没有缺口,但使用过。从你内心深处来说,你愿意为它付多少钱?

你很可能会说,大约3.5美元吧。

那我这样来说吧,如果现在这个咖啡杯已经是你的了,你要把它卖给我,请告诉我,你觉得它值多少钱。

你很可能说在5美元到7美元之间。

在这两种情况下,杯子是同一个,而我做的只是改变了杯子和你之间的关系,这样完全改变了它的价值。

或者请你设想一下,我支付你20美元,请你帮我跑腿儿去取一杯咖啡,花费3分钟的时间。你会想3分钟就有20美元,那一个小时就能有400美元,你会很兴奋。

但如果你发现帮我跑腿儿让我赚到了100万美元后,你就会从每小时400美元的狂喜转变为愤怒,因为你觉得自己被欺负了。

20美元的价值就像咖啡杯的价值,并没有改变,但你的视角改变了。我对这20美元不同的定位,能让你感到高兴或者恶心。

让我来告诉你吧,这并不说明我们做决定的过程是完全情绪化和非理性的,我已经看到了结果。我想要说的是,虽然我们的决定很大程度上是不理性的,但并不意味着在我们行动的背后没有前后一致的模式和规则。当你了解了这些心理模式后,你就能发现对他们施加影响的方法。

迄今为止,描述我们非理性决定的最好理论是"前景理论"(Prospect Theory)。这个理论是心理学家丹尼尔·卡尼曼和阿莫斯·特韦尔斯基在1979年创造出来的。前景理论描述了人们是如何在有风险的各种选项之间做出抉择的,比如在谈判中是怎样做的。该理论声称,人会倾向于确定的事物而非其他的可能性,甚至在其他的可能性会是更好选择的情况下也是如此,这被称为"确定性效应"(Certainty Effect)。人们会愿意冒更大的风险去避免损失而非争取收获，这被称为"损失规避"（Loss Aversion）。

这就是为什么从统计数字上看，人们并没有购买保险的需求。你也可以这样设想：一个人被告知有95%的机会获得1万美元，或者有1%的机会获得9499美元，那么，他往往会避免风险做出1%确定性的选择。而同一个人如果被告知他有95%的机会损失1万美元，或1%的机会损失9499美元，那他就会做出相反的选择，冒着可能损失更大的95%的风险来避免损失。相比同样收获的可能性，损失的可能性更能刺激人们去冒险。

在接下来的内容中，我将解释一些利用前景理论的技巧，你可以使用它们来取得优势地位。但是首先我要给你上一堂残酷的损失规避课程：在一场棘手的谈判中，仅向对方表明你能把他们的需求传递出去，是不够的。

要取得真正的制衡力量，你需要让他们相信如果协议谈不成，他们将会失去一些实质性的东西。

1. 设定他们的情绪

想要扭转对手的实际情况，你需要从基础的感同身受做起。所以，先用指控审查的方法确认对方的恐惧，通过设定他们应对损失的情绪，你将触发对方的损失规避心理，这样一来他们就会抓住机会，从而避免出现损失情况。

在离开FBI后做的第一个咨询项目中，我非常荣幸地为阿联酋的国家人质谈判小组进行培训。非常遗憾的是，在这个项目执行的过程中，出现了我与发包方之间的问题（我是承包方）。问题是如此严重，以至于我不得不回去找已经和我签约的发包方。通常他们每天会从承包方这里收取2000美元的费用，而我要告诉他们的是，在接下来的几个月中，我只能每天给他们500美元。

我准确地知道，如果我开门见山，他们会有怎样的反应——他们会到处嘲笑我。因此，我先给他们每个人都打了个电话，并用指控审查的方法先给他们重重一击。

"我让你们陷入了一个糟糕的境地，"我说，然后停顿下来，直到他们让我接着往下说，"我放下电话后，你们会认为我是一个令人厌恶的商人，你们会认为我不懂预算、不会做计划，你们会认为我克里斯·沃斯是一个夸夸其谈的家伙——'他离开FBI的第一个项目就被他折腾黄了，他不懂怎么去运营项目，他甚至欺骗了我们。'"

然后，当我把他们的情绪都锚定在了一个低期待的地雷阵之后，我利用了他们规避损失的心理。

"我也想要把这个机会给你们，而不是给其他人。"我说。

突然，他们的要求就不再是2000美元或500美元这个数字了，而是如何才能不损失500美元，防止别人把钱赚了。

他们每一个人都同意了，没有讨价还价，也没有怨言。现在，如果我没有把他们的情绪拉低，他们对500美元的看法就会完全不同；如果我只是打电话说："我每天只能给你们500美元，你们看怎么样？"他们会把这看成一种冒犯，并把电话摔了。

2. 大部分时候，让对方先出牌

现在，我们已经能很清楚地看到设定情绪对改变对方现状的重要作用。但是，在谈判价格的时候，先出价并不是最好的方式。

1944年，著名电影导演比利·怀尔德（Billy Wilder）想要请著名的侦探小说家雷蒙德·钱德勒（Raymond Chandler）写《双重赔偿》（*Double Indemnity*）的脚本，而那时的钱德勒对好莱坞来说还是一个新人，但他同意进行商谈，在与怀尔德以及电影制片人商谈的会议上，钱德勒提出了第一个预期报酬：他开门见山地要求每周150美元，并告诉怀尔德，他需要花上3个星期来完成这项工作。

怀尔德和制片人几乎忍不住要放声大笑了，因为他们原先准备付给钱德勒每周 750 美元，并且他们以为电影脚本需要写一个月才能完成。但钱德勒是幸运的，怀尔德和制片人珍视他们与钱德勒的友谊，更甚于几百美元，他们为钱德勒的报价惋惜，于是他们找了一家机构来代表钱德勒谈判。

相似的是，我有一位名叫杰里的学生，他也因为率先出价，而把自己的薪酬谈判搞砸了（这是他来上我的课之前发生的事）。

他去参加一个纽约金融机构的面试，他提出的报酬是 11 万美元，提出这个数字，很大程度上是因为这比他现在的工资提升了 30%。直到他开始工作才发现，公司里这个项目的其他同事起薪都是 12.5 万美元。

这就是为什么我建议你让对方先开始关于钱的谈判。

真正的问题是，无论哪一方在谈判桌上都无法拥有完整的信息。这往往意味着你因为信息不足而无法有信心地开口，特别是当你不知道买卖市场的价格时，就像杰里和钱德勒面临的情况一样。

让对方确定你的价格，也容易获得幸运的结果：在我经历的很多谈判中，对方出的买价都高于我心里的预估价。如果我先出价，他们就会立即同意，而留给我的只会是胜利者的捶胸顿足或买方的懊丧万分，买了高价或卖了低价的痛苦让人感到心如刀绞。

也就是说，当你要让对方定价的时候，千万要小心，你需要在心理上做好准备承受第一次报价的风险。如果对方是一个强势的、咄咄逼人的对手，那他就会使用极端锚定方法，扭曲你要面对的现实。然后，当他们拿出一个极其无理的价格时，看上去却是合理的，就像一个要价 400 美元的苹果手机，当它是从 600 美元降价而来时，看上去价格就是合理的。

通过一个特定的数字来锚定一个范围，这是一种心理战术，叫作"锚定与调整"（anchor and adjustment）效应。研究者发现，我们倾向于从第一个锚定点开始调整。比如，人们第一眼看到 8×7×6×5×4×3×2×1，会觉得计算结果大于把这一列数字反过来相乘，这是因为我们会立足于第一个数字进行推断。

这并不是说"永远不要第一个开口"。这样的规则是容易记住的，但就像大多数简单化的做法一样，它们并不总是一个好的建议。如果你对付的是一个没有经验的对手，你可能会咄咄逼人并抛出极端的锚定数字。当你真正了解市场行情，对手拥有的信息和你势均力敌时，你可能就需要提出一个有利于谈判快速推进的数字。

关于是否要凶狠地吞掉一个没有经验的对手，我的个人建议是，只要记住，你的名誉走在你的前面。我遇到过一些CEO，他们总是残酷地欺压谈判对手，于是很快就没有人愿意和他们做生意了。

3. 划定一个范围

既然率先出价没有帮助，我还有一个办法，它看上去也是提出报价，并能在过程中扭曲对方面对的现实。这个办法就是暗示一个范围。

我的意思是，在需要说明你的条件和价格时，应对的方法是回顾一个相似的交易，借此建立起你报价的范围，即便这是你期望的最好的一个范围。不要说"我的要价是11万美元"（杰里可能会这么说），而要说"在××集团的最高职位上，做这项工作的人的工资在13万～17万美元"。

这样你就提出了自己的观点，也会让对方进入一个防御的状态，这会让对方深入思考。研究表明，当人们听到一个极端锚定的数字之后，他们会不自觉地调整期望，向他们的起价点靠拢，有的甚至会直接给出他们的极限数字。如果杰里当时给出的是这个范围，公司可能会答应给他13万美元，因为这看起来比17万美元便宜多了。

在最近的一项研究中，哥伦比亚商学院的心理学家发现，应聘者提出一个薪酬期望的范围，比只提出一个具体数字往往能得到更高的薪酬结果，特别是他们给出了"鼓励性范围"，在这个范围内，最低的数字是他们实际想要的。

在明白了这一点后，如果你提出一个带范围的出价（这样做是个好主意），就等着他们按你的下限来谈吧。

4. 操纵非价格条款

人们总是在"多少钱"上面纠结，但请不要孤立地看数字。这个做法会导致讨价还价，导致一系列紧张的地位争夺，而争夺都关乎对于公平、面子的情绪化看法。谈判是一种比这更加错综复杂、微妙波动的过程。

一种最简单扭转对手看法的方法——操纵非价格条款。当你把对方预设得很高之后，你就能提供一些对你不那么重要，而对对方至关重要的东西，让自己的出价显得非常合理。如果对方开价很低，你就可以索要一些对你有利而对他们无关紧要的东西。这是一个与以往不同的概念，我们拿一些例子来进行头脑风暴。

之前，我给孟菲斯律师协会（Memphis Bar Association）做培训。正常情况下，按照他们的要求进行的培训，每天需要收费 2.5 万美元。他们刚来找我的时候，提出的课时费价格非常低，这是我不能接受的。然后他们提议，能给我在他们的协会杂志上做一期封面故事。对我而言，登上全国顶级律师都会看的一本杂志的封面，是一个无价的广告机会（此外，我妈妈也会对此感到骄傲）。

对他们而言，封面上总要放一些东西，因此他们是零成本的，而我在培训费上给他们的却是一个实实在在的巨大折扣。我现在经常在谈判中举这个例子，以此来引出我的报价。我想要刺激对手进行头脑风暴，找出那些对他们而言是便宜的，对我而言却是有价值的、非金钱的因素。

5. 必须说出数字时，请说特定的数字

每一个数字都有在其本义之外的心理学影响。我不会因为你觉得 17 是个幸运数字，就来讨论它。我的意思是，在谈判中有一些数字看起来会比其他数

字更加坚定。

最重要的是，以 0 结尾的数字总让人感觉是一个暂时的提议，一个猜测出来的数字，会让你觉得能轻易地通过谈判改变这个数字。但当你随便甩出一个数字，比如 37 263 美元，就像是一个经过仔细计算后得出的数字，让对方觉得严肃和持久，因此在你出价的时候，请记得使用这种类型的数字。

6. 惊喜的礼物

你向对手抛出一个极端的锚定数字之后，他们不可避免会下意识地反对。这时给他们一个完全无关的惊喜礼物，能让他们进入一种接纳的慷慨情绪。

类似出乎意料的安抚姿态，能发挥巨大的影响，因为这引入了一个名叫"回报"的因素，另一方会觉得需要以某种方式回馈你的慷慨。他们会突然开出自己的条件，或会在未来回报你的善意。人们会觉得回报对方的好意是一种义务。

让我们从国际政治角度举例。1977 年，时任埃及总统的安瓦尔·萨达特（Anwar Sadat）突然到以色列议会演讲。这是一种慷慨的姿态，虽然没有包含任何实质性的让步，但却奇迹般地推动了埃及和以色列之间的和平条约谈判，双方的和平迈出了重要的一步。

再来说一说海地的那起绑架案。在绑匪抓走他姨妈的几个小时之后，我和那位政治家的侄子通了电话。

他告诉我，他们家不可能凑足 15 万美元，但能支付 5 万～8.5 万美元。当我了解到赎金只是绑匪用来聚会挥霍的资金后，我的支付目标价就低得多了——5000 美元。我们不打算妥协，这事关乎我的专业名誉。

我建议他进行对话时，锚定好起始点，告诉对方他没有钱，而不是直接对绑匪的要求说"不"，以免和绑匪的高傲情绪迎头相撞。

"我该怎么做呢？"他在第二次通话时问。

绑匪再一次重申了对他姨妈的威胁，再次索要现金。

这时，我让政治家的侄子用微妙的话语询问绑匪"公平性"。

"对不起，"侄子说，"如果我们付了钱，你还伤害我的姨妈怎么办？"

这里谈到了姨妈死去的情况，这也是绑匪竭力避免的。因为他们需要让人质活着，才有希望拿到赎金。说到底，他们都是商业上的交易者。

请注意，到现在为止政治家的侄子还没有提到赎金的数额，这样做最终让绑匪先给出了价格，他们毫不费力地把赎金降到了5万美元。

现在，绑匪的现状被改变了，索要的数字变小了，我和同事要求政治家的侄子继续维持现有立场。

"我怎么才能筹到这么多钱呢？"我们让他这样问。

绑匪再一次降低了他们的要价，变成了2.5万美元。

现在，绑匪的要价已经进入了我们的视野，我们让政治家的侄子说出他的第一次报价，一个非常低的锚定点：3000美元。

绑匪沉默了，人质的侄子开始紧张得冒汗，但我们让他坚持住。在绑匪的经济预期已经被颠覆的时候，这样的沉默总会发生。

当绑匪再次开口时，能感觉到他非常震惊，但他还是继续谈了下去。绑匪出的新价格又低了不少，变成了1万美元。然后，我们让他给出了一个奇怪的数字，看似经过深思熟虑地给出了他的姨妈的价值：4751美元。

绑匪的新报价——7500美元。我们让政治家的侄子"顺其自然"地说他还愿意多给绑匪一个新买的CD机，同时重复了4751美元的报价。对绑匪而言，他们并不真的需要CD机，但觉得已经不能再榨出更多的钱了，于是同意了。

6个小时之后，家人支付了这笔钱，他的姨妈平安地回来了。

如何谈好薪酬

衡量商学院排名的一个重要因素是毕业生的薪酬待遇。因此，我在每个MBA班的讲座上都告诉他们，我的第一个目标是要单枪匹马地提高他们所在商学院的排名，而途径是教他们如何通过谈判得到更高的薪酬。

我把这个过程切分为三个部分，其中包括本章的内容。我会教你一种方法，不但能让你得到更高的工资，还能让你说服你的老板为你去争取这份高工资。

愉快地坚持非工资条款

"愉快地坚持"是一种情绪，能让你和老板之间产生共情，同时为建设性讨论营造正确的心理氛围。你越多讨论非工资条款，越容易全面了解对方的选择范围。如果他们无法满足你的非薪酬要求，甚至会给你更多的钱，就像他们对我的一位法国裔美国籍学生的做法。她始终保持着灿烂的微笑，不停地要求公司给她常规之外的一周假期。她说自己是"法国人"，而这也是法国人通常的做法。想要雇用她的公司完全被这个假期问题束缚了手脚，但因为她实在是太讨人喜欢了，她把一个非薪酬的变量引入了她的价值认定之中，最后公司为了解决这个问题提高了她的工资。

没有奖励条款的工资条款，就是俄罗斯轮盘赌局

当你在谈判薪酬的时候，必须明确你的工作业绩目标，同时，确定下一次涨薪的标准。这对你是有意义的，对你的老板是没有成本的，就像律师协会让

我上杂志封面的那个故事一样。它能让你有计划地执行涨薪任务，而且将你的成功与老板的监督职责联系起来，自然而然地引导到了下一步……

激发他们对你成功的兴趣，获得非正式的导师

还记得要找出对方真正所需这个观点吗？好的，当你向经理推销自己的时候，不能仅仅把自己当成一个寻找工作的个体进行推销，你要推销你自己和你的成功，要让他们能验证自己的聪明判断并在公司里广为传播，要让他们相信你会誓死捍卫他们的重要利益。当你扭转了他们对现实的看法之后，他们就会把你当成他们的形象代表，那么他们也就对你的成功下了赌注。

你可以问："需要付出什么才能在这里取得成功？"

请注意，这个问题与许多 MBA 咨询课上建议的问题很相似，但并不完全一样，这里的每一个用词都是很关键的。

听我 MBA 课的学生在工作面试中问了这个问题时，面试官都会探过身说："以前从来没有人问我这个问题。"然后面试官会给出一个完美的详尽答案。

这里的关键是，如果有人给你指导，他们会观察你是否遵循他们的建议。他们在你的成功上押上了个人的赌注，这样就招募到了你的第一个非正式的导师。

为了让你知道如何才能做到近乎完美，我想到了之前 MBA 的学生安杰尔·普拉多，没有比他更好的例子了。

安杰尔完成他的 MBA 课程之后，回到了他的老板那里，开始准备他 MBA 毕业之后的工作（他的 MBA 课程是公司付钱的）。在最后一个学期，他在老板那里"设定"了一个不太具体的建议（一个范围）：在他毕业之后，公司应该考虑将他读 MBA 所支付的学费成本（每年约 3.1 万美元）加到他未来

工作的薪酬里。

他的老板没有发表评论，但安杰尔坚持愉快地讨论这个问题，这就在他老板的脑海里锚定了一个信息。

快毕业的时候，安杰尔和他的老板正式坐了下来。安杰尔用肯定和平静的态度提出了一个非薪酬的问题，把谈判的焦点从"多少钱"上转移了，他想要一个新的职位。

他的老板之前就同意在安杰尔取得新学位之后，安排一个新的角色，这是傻瓜都知道的。

在这时，安杰尔和他的老板要定义他的新角色担负的具体任务和职责，设定成功的衡量标准。安杰尔深吸了一口气，停顿了一下，这样做他的老板就会先出一个数字。最终，他出价了。非常神奇的是，老板的出价显示他之前锚定的信息发挥了作用：老板建议在安杰尔的基本工资基础上增加3.1万美元，这几乎是50%的工资涨幅。

安杰尔在上过我的课之后，可不是一个谈判新手了，因此他没有在"多少钱"问题上陷入僵局，而是继续交谈，标注出老板的情绪，并表现出自己对他处境的感同身受（这时候公司正在和投资者进行艰苦谈判）。

然后，安杰尔礼貌地请求离开一小会儿，把双方同意的工作职责打印了出来。这个间歇让老板产生了时限到来前的波动，被安杰尔回来之后利用了。在文件最后，他写上了自己期望的薪水——13.45万美元至14.3万美元。

在这个微小的动作中，安杰尔把本章中讲到的各种知识点串到了一起。特定的数字给人以深思熟虑的重量。数字很大，在面对这样强力的锚定点时，他的老板很自然地想把价格降到低点。这里给出的是一个区间范围，让安杰尔看上去没有那么咄咄逼人，范围中的低点相比之下显得更加合理。

从老板的肢体语言上看，他抬起了眉毛，显然他对薪酬的要求感到惊讶。安杰尔取得了想要的效果，在发表了一些评论之后，他相对地提出了12万美元的反建议。

安杰尔并没有说"行"或"不行",而是通过继续谈话营造感同身受的氛围。然后,在他们谈话之中,他的老板出乎意料地又抛出了 12.7 万美元的建议。老板已经是在和自己谈判了,安杰尔让他继续。最终,他的老板同意了 13.45 万美元的建议,并许诺将在 3 个月之内开始按这个标准付薪(因为还需要经过董事会的批准,所以不能马上执行)。

锦上添花的是,安杰尔积极地使用了"公平"这个词(他说,"这是公平的"),用涨薪的事争取到了他的老板来当他的导师。"我是向您请求涨薪,而不是董事会,我所要的一切就是您的同意。"他说。

安杰尔老板的回答显示,他已经把安杰尔看成了自己的利益代表。

"我会为你争取薪酬的。"

就这样,安杰尔引导了这场谈判并达到了目的!

学习要点

与前面几章里讨论的方法相比,本章的谈判术看上去很具体也便于操作,但许多人对它们望而却步,因为这些方法看上去是在操纵谈判。似乎采取任何手段扭转对方对现实的认知都是一种欺骗,是吗?

如果回答这个问题,我只需要说所有最优秀的谈判者都在使用这些方法,因为他们认识到了人类心智本身。我们都是情绪化的、非理性的动物,我们的情绪化和非理性都是可预见和模式化的。使用这些知识只是理性的体现。

当你把这些工具运用到日常生活中的时候,请记住以下这些强有力的要点:

· 所有的谈判都是由隐藏的欲望和需要决定的,不要被表象所蒙蔽。当你知道海地的绑架者只是想要获得聚会开销的时候,你就能赢得先机做好准备。

·简单的折中分歧,就像是穿着一只黑色的鞋和一只棕色的鞋一样,因此不要折中妥协。折中经常导致一个双方都不满意的糟糕协议。

·"公平"一词,是一个情绪化的术语,人们经常使用它来迫使对方进入防御状态并让步。当对手向你抛出"公平"这个炸弹的时候,不要上当退让,而要让他们解释你是怎么不公平地对他们的。

·你能扭转对方对现实的认知,方法是锚定一个低起始点。在你提出一个建议之前,通过预先说明自己的建议会有多糟糕,情绪化地锚定对方的认知。当你谈到数字的时候,要让你"真正"的建议看上去合理,或抛出一个范围以减轻进攻性。所有东西的价值,都取决于你观察发现它的优势。

·人们更愿意冒险避免损失,而不是获取利益。要让你的对手觉得,他的做法会导致损失。

第七章

制造控制的幻觉

如何用校准问题
消弭对抗、赢得合作

2001年5月，在我处理完发生在菲律宾的杰弗里·席林绑架案之后的一个月，我收到总部的命令，要求我回到马尼拉。绑架席林的匪徒，也就是那个名为阿布沙耶夫的极端伊斯兰组织，袭击了多什帕尔马斯（Dos Palmas）潜水度假村，劫持了20名人质。其中包括3名美国人，一对来自堪萨斯州威奇托市的传教士夫妇马丁和格雷西娅·伯纳姆，以及一名在加利福尼亚防水公司工作的职员吉勒莫·索韦罗。

多什帕尔马斯事件一开始就成了谈判专家的噩梦。绑架案发生一天之后，最新当选的菲律宾总统格洛丽亚·马卡帕加尔－阿罗约（Gloria Macapagal-Arroyo）公开发表了最具对抗性、毫无建设性的讲话，声称要对阿布沙耶夫组织发动"全面战争"。

她的这番谈话完全没有用到"共情"，是吗？

接下来情况变得更加不利。

菲律宾陆军和海军陆战队在谈判期间与叛军展开了争夺战，发起了几次不成功的攻击，这让绑匪十分恼怒。事件涉及美国人质，CIA、FBI和美国军方情报机构被召集到了一起，而我们内部也发生了争论。此后不久，绑匪强奸并杀害了几名人质，紧接着"9·11"事件发生了，阿布沙耶夫组织被认定与"基地"组织有关联。

2002年6月，这场绑架危机在一场枪战中结束，多什帕尔马斯事件真的成了我谈判生涯中的滑铁卢。如果你明白我的意思，我觉得应该把这次事件称作一次"火车失控"。

失败是成功之母，我们在菲律宾的失利不用找什么借口。

如果说多什帕尔马斯的不幸事件给了我什么启示的话，那就是我们都还为一种谈判逻辑所累。这种逻辑认为谈判就像是一场摔跤比赛，目的是耗尽对方的体力迫使对方投降，总是抱着最好的希望，毫不退缩。

多什帕尔马斯事件引起的沮丧促使我们反思。我深入研究了最新的谈判理论，有一些非常伟大，也有一些是粗制滥造，而我有机会处理匹兹堡的一个案子，让我完全改变了对谈判中双方人际关系的看法。

从多什帕尔马斯事件的灰烬中，我们得到了一个对 FBI 人质谈判产生永久影响的教训。我们学到了谈判是哄骗的过程，而非征服；是说服对方的过程，而不是战胜。最重要的是，我们明白了成功的谈判需要对方为你工作，并让对方主动提出你想要的解决方案。这包括控制对方让他产生幻觉，而实际上，却是你在主导对话。

我们把研究出的这种方法称作"校准问题"或"开放问题"。它的作用是通过公开承认对方，兵不血刃地消除谈话中的进攻性因素。这样做让你在提出观点和要求的时候，看上去不那么咄咄逼人，从而使你能把谈判推进下去。

稍后我会进行深入的讲解。首先我要说的是，要消除"你不许走"这样的语句里的敌对性，方法就是把它变成一个问题，这真的不难。比如：

"你打算离开是为了什么？"

不要在开火的时候谈判

我刚一抵达马尼拉处理伯纳姆夫妇和索韦罗的绑架案，就被送去了棉兰老岛。在那里，菲律宾军队正在用子弹和火箭向一家医院的大楼开火，该大楼被阿布沙耶夫组织占领了，人质也在里面。

这不是一个谈判专家要来的地方，因为不可能在枪林弹雨中进行谈判。不久，局势变得更加严峻：第二天早上我起床后，得知昨晚绑匪带着人质逃脱了。

这次"逃脱"是我们的行动开始脱轨的第一个信号，同时也说明了菲律宾军队并不是值得信任的合作伙伴。

这段插曲发生后的简报会上。有消息称，在停火期间，一位负责包围医院的军人捡到了一个匪徒从医院里扔出的箱子，此后不久，所有在医院后方的士兵都被召集去"开会"了。巧合的是（也许并不是巧合），这群匪徒偏偏就趁着这个机会逃走了。

两周后，事件再次发酵。在菲律宾独立日那天，匪首阿布·萨巴亚宣布，他打算将一名"白人"斩首，除非政府在当天中午之前停止追捕。我们知道这意味着他们会伤害一个美国人，预计会是吉勒莫·索韦罗。

我们那时与匪徒没有任何直接的联系，因为菲律宾军方伙伴指定的中间人总是"忘记"让我们也参加与绑匪的通话（同时一样会"忘记"录音）。我们能做的只是给他发一条文字短信，提出下一次建议的通话时间。

最后在中午的期限到来之前，萨巴亚和一名菲律宾总统的内阁成员在一个广播电台谈话节目中进行了通话，政府同意了萨巴亚的要求，并指定一名马来西亚议员作为谈判代表。作为交换，萨巴亚同意暂不杀害人质。

但想要修复这种对抗的、不信任的和说谎的氛围已为时过晚。那天下午，人质们听到萨巴亚对着电话大喊："但那只是协议的一部分，只是协议的一部分！"不久之后，阿布沙耶夫组织就斩首了吉勒莫·索韦罗，并为了加大对抗筹码，又绑架了15名人质。

在我们能控制的范围内没有取得任何重要的进展，虽然索韦罗被杀害了，但美国政府对此也没有了兴趣。于是我回到了华盛顿，似乎已经无能为力了。

"9·11"事件改变了一切。

作为一个小型的恐怖组织，阿布沙耶夫组织突然与"基地"组织有了关联。然后，一位名叫阿尔林·德拉·克鲁兹的菲律宾电视台记者潜入了阿布沙耶夫组织的营地，拍摄了萨巴亚辱骂传教士马丁和格雷西娅·伯纳姆的录像。

这段录像就如惊雷一般让美国媒体震惊了，一夜之间这起绑架案就成了美国政府的头等大事。

在另一边总还有一支队伍

FBI再一次把我派去了现场，这次我被派去的目的是确保达成协议。整个行动十分高调。我的一些朋友告诉我，FBI局长罗伯特·米勒（Robert Mueller）每天早上都会向当时的总统布什汇报我们工作的进展。当米勒局长现身马尼拉的美国大使馆时，我被人介绍给他，他脸上露出认可的神情，这真是令人兴奋的一天。

但是如果你的搭档团队混乱不堪，即使有全世界支持你，也不会有好结果；如果你努力的谈判不能传达给敌方，无法让他背后的团队看到，那你就只能"听天由命"了，而听天由命并不是一种谈判战略。

有一种情况，我并没有完全理解——绑匪经常更换他们的谈判代表。萨巴亚被别人替换了。

我的老板加里·内斯纳在这之前的一次绑架案中曾对我指出，对方更换谈判代表，几乎意味着他们将会更加强硬。当时我没能预料到的是，这意味着萨巴亚将要扮演一个协议破坏者的角色。

我们的新策略是把伯纳姆夫妇赎回来。虽然美国政府理论上不会支付赎金，但我们找到了一名捐赠者愿意支付30万美元。阿布沙耶夫组织的新谈判代表同意就此放人。

然而，赎金的支付变成了一场灾难。支付完赎金后，绑架者却决定不释放伯纳姆夫妇，或者还不如说是萨巴亚这个绑架行为的真正负责人拒绝放人。他断然拒绝了他们的内部协议（具体情况我们并不知道），我们的约定落空了。他们的新谈判代表陷入了尴尬，也被弄晕了，为了给自己找个台阶下，谈判代表声称赎金少了 600 美元。我们也被弄糊涂了——"600 美元？你们因为少了 600 美元就不释放人质吗？"我们试图辩解，如果真的少了钱一定是送钱的人偷走了。但此时并没有信任和合作的氛围为我们撑腰。30 万美元我们支付出去了，而我们发出的文字短信几乎石沉大海。

在这种缓慢胶着的不正常状态慢慢持续了两个月之后，发生了一次失败的"营救行动"。一队在森林里行进的菲律宾侦察兵，偶然发现了阿布沙耶夫组织的营地（至少他们自己是这样说的）。后来，我们听说另一个政府机关在此之前就向侦察兵透露了营地的位置，但他们为什么不把绑匪营地的位置告诉我们呢？这是我永远无法理解的。

侦察兵在营地上方的一片树林里建立了进攻阵地，然后开火，不管不顾地往营地的方向倾泻弹雨。格雷西娅和马丁这对夫妇此时正在他们的吊床上睡觉，子弹就打了过来。他们从吊床上掉了下来，连滚带爬地向安全地带跑去。但侦察兵的子弹追了过来，格雷西娅觉得自己右侧大腿有烧灼感，然后她觉得马丁也变得一瘸一拐。

过了几分钟，最后一名叛军逃走之后，菲律宾侦察兵跑过来确认格雷西娅和她的丈夫是否安然无恙，但她摇了摇头，被囚禁了一年之后，她已经没有了幻想。格雷西娅知道丈夫已经死了。她是对的——她的丈夫胸部中了 3 弹，都是被侦察兵的子弹击中的。

最后，这场解救行动杀死了 3 名人质中的 2 名（一位名叫艾迪波拉·叶的菲律宾护士也死了），而漏网大鱼萨巴亚从这场营救行动中逃脱后，又多活了几个月。从头至尾，历时 13 个月的解救行动完全失败，损失了生命和金钱。几天后，我在家中关上灯静坐反思，感到沮丧万分、筋疲力尽。我知道需要改变，我们绝不能让这样的悲剧重演。

如果说人质的死有意义，我们将据此找到谈判、沟通、倾听和诉说的新方法，这种新方法无论对敌人还是朋友都适用。这样做当然不是为了人际沟通，绝对不是，我们的目的是赢得胜利。

避免摊牌

没有第二条路可走，我回到美国就开始深思。对FBI现在的做法，我心里有疑问，甚至是怀疑。如果我们知道得还不够，我们就必须努力掌握更多。

真正触动我的是在我回来之后，当我回顾这个案子的情况时，发现许多情况我们在现场并不知道。在堆积成山的消息中，有一条我完全不知情：

马丁·伯纳姆曾被监听到给某人打过电话。我想知道人质给别人打电话，我们怎么会完全不知道他是在和谁通话呢？人质拿到电话只有一种可能，那就是证明自己还活着。这说明还有其他人想要付赎金把他们救出来。

结果发现和马丁通话的这个人，是一个狡诈的菲律宾政治家，他同时在和我们进行平行的解救谈判。他想自己把人质赎出来，好在菲律宾总统阿罗约面前炫耀一把。

这个家伙和我们背靠背行动，并没有给我们造成特别大的干扰。事实已经很清楚了，这件事中有太多失控情况。真正让我吃惊的是，这个笨蛋并没有受过FBI的人质谈判训练，却做了一些我们做不到的事情。

他与马丁·伯纳姆通了电话，在没有锚定前提条件的情况下通了话。

这时我才意识到，这恰恰是狡诈的菲律宾政治家的成功之处。我们的失败说明我们按照单一维度思维所做的任何事情，都是错误的。

除了我们与菲律宾侦察兵之间的问题，另一个使我们无法对绑匪和人质施加影响的重要原因是，我们有非常强的"回报"心态。在这种指导思想下，如果我们给绑匪打电话，就要提出要求；如果他们同意我们的要求，我们就要给他们一些东西作为回报。因为我们相信伯纳姆夫妇仍然活着，所以我们从没想过要打个电话证明他们还活着。我们害怕欠债。

如果我们提出了要求，他们同意了，我们就觉得欠债了。不能在偿债问题上做出好的表现，就有可能导致我们被指控为没有信用的谈判者。而在人质绑架谈判中，信用的丧失会导致人质遇害。

当然，我们没有向绑匪提出直接与人质对话的要求，因为我们知道他们会说"不"，而我们也害怕陷入尴尬。

这种害怕是我们谈判思维中的一个主流，有一些信息你只能通过和对手的互动才能直接获得。

我们也需要有新的方法获取所需，而不是一味地索要。我们需要调整和制定更严谨的提要求的问句，而不是只用"是"或"不是"回答的封闭式问句。

这时，我领悟到了我们所做的其实不是交流，而是语句的调整。我们想要对方用我们的方式看问题，事实却正相反。如果你对这些真实世界里的落差视而不见，那谈判就会破裂，紧张就会升级。这种思潮渗透到了FBI所做的工作之中，每件事都要摊牌，这样做是不行的。

我们询问人质是否存活的提问里暴露了这些问题。

那时，我们证明人质存活的办法是，设计出一些询问具体细节内容的问题，而这些细节只有人质自己知道。就像检验电脑安全的问题，比如"马丁养的第一条狗叫什么名字"或"马丁父亲的名字是什么"。

然而这一类问题有许多弊端。其中之一是，这是执法部门介入的信号。当家庭成员开始问这类问题时，几乎可以肯定，警方已经开始培训他们了，这会让绑匪感到十分紧张。

除了紧张，问题还在于，对方要回答这些提问其实不需要付出什么努力。绑匪会去找人质了解这些问题的答案，再跑来告诉你，因为这太简单了。这一切发生得太快，你并没有得到任何战术上的优势，没有得到任何有用的信息，也没有让对方做出任何有利于目标的努力。所有成功的谈判都是一个情报搜集的过程，引导对方给出你所需要的信息。

最糟糕的是，这些绑匪认为已经给了你一些东西——证明了人质的存活，这就触发了人类本能索求回报的基因。无论我们是否承认，这都是人类广泛存在的一种天性，存在于所有文化之中。当别人给了你什么东西之后，他们就会期望得到回报，如果你不给他们回报，他们就再也不会给予你什么了。

现在，我们并不想触发这种索取回报的情况，因为我们并不想给他们任何东西。所以会发生什么情况呢？我们之间所有对话都变成了半死不活的对抗，双方都想从对方身上榨取一些东西，但都不愿意给予。我们整个沟通过程完全陷入了傲慢和恐惧的氛围之中。

这就是为什么当那名狡诈的菲律宾政治家参与进来，并得到了我们望穿秋水的通话机会时，我们就已经注定失败了。这是没有相互回报的沟通，我靠在椅背上冥思，我们到底应该怎么做？

停止"不相信"

我苦苦思索为什么这名狡诈的菲律宾政治家能与马丁·伯纳姆通上话，而我们却一次也做不到。这时，匹兹堡的FBI又接到了一起绑架案。

我的搭档查克把这个案子的录音带交给了我，因为他觉得这个案子很有趣。一名匹兹堡的毒贩绑架了另一名毒贩的女朋友，不知为何，受害的毒贩跑到了FBI求救。作为一名毒贩，来FBI似乎与他最大的利益相冲突，但他确实这样做了，因为无论你是谁，当你需要帮助的时候就会去找FBI，对吧？

拿到了录音带后，我们这些人质谈判专家围在这名报案的毒贩身边，让他去和另一名毒贩谈判。通常情况下，我们会要求谈判人让对方出示人质未受伤害的简单证据，比如会问："女朋友小时候玩的泰迪熊叫什么名字？"但在当时，这名毒贩还未进行如何"正确"提问的培训。因此在和绑架者的对话过程中，他脱口而出："喂，浑蛋，我如何知道她安然无恙？"

然后，最有趣的事情发生了。绑架者沉默了10秒钟，他真的被吓住了，他用没那么抗拒的声音说："好吧，我让她接电话。"我惊呆了，因为这名笨拙的毒贩竟然争取到了一个谈判成功的信号，让绑架者自愿让受害者通话，这是一个非常重要的信号。

这时候，我骂了一句："真是见鬼了！"然后意识到这就是我们苦苦等待的谈判术。不必提一些只有单一答案的封闭性问题，而是问一些开放性的问题，但要注意控制问题的"口径"大小，让对方停下来认真思考如何解决问题。我私下里想，这真是太完美了！这是一个自然而然的普通提问，是不要求获得真相的问题。这是包含"如何"的问题，"如何"能保持接触，因为"如何"是用来寻求帮助的。

最有利的是，他并不会因此亏欠绑匪任何东西，绑匪自愿把电话交给了毒贩被绑架的女朋友。他认为这是他自己的主意，他把女孩叫到电话前认为自己能控制局势。在谈判中占得先机的秘密是，让对方产生控制局面的幻觉。

这种谈判技巧的精华在心理学家凯文·达顿（Kevin Dutton）的《瞬间说服》(*Split-Second Persuasion*)一书中，有很好的诠释。他把这叫作"不相信"（unbelief），这是对对方所说的主动抗拒、完全拒绝，而这经常是双方谈判的起点。

如果你未能克服这种心理，最后你就不得不摊牌。因为每一方都会强调自己的观点，双方就会硬碰硬地对抗，就像在多什帕尔马斯发生的情况一样。但如果你能让对方放下他们的不信任，你就能依靠对方的力量缓慢地让他们靠近你的观点，就像这个毒贩的提问让绑架者自愿地给出了毒贩想要的东西一样。你不需要直接说服对方认同你的观点，而需要驾驭他们靠近你的观点。有一句话叫作：驾驭骏马的最好方法是把马骑向它想要去的方向。

我们作为说服者的工作比我们想象的要简单。我们并不需要说服他人相信我们的话，而需要让对方停止"不相信"的状态。我们一旦达到了这个目标，谈判就胜利了一半。"'不相信'是说服工作的限制因素，"达顿说，"没有了它，谈判就像天马行空，没了约束。"

通过提出校准问题（如要求帮助）能让对方获得虚幻的控制感，这是停止"不相信"最有力的工具。不久前，我在《纽约时报》(The New York Times)上读到一篇一名医学生写的好文章。他看到一个病人拔掉了自己身上的输液管，打包行李准备离开医院，因为生化检查结果需要几天后才能出来，病人已经等得不耐烦了。

这时一名资深的医生过来了，他平静地给病人倒了一杯水，问他是否能聊一分钟，他说他理解病人为什么会生气，并保证会给实验室打电话询问检查结果为什么拖延了。

他接下来做的，却真正停止了病人的"不相信"：他提出了一个校准问题——是什么让他觉得离开医院这么重要？病人说他工作上还有一些跑腿儿的事要做，医生主动表示愿意与服务部门联系，帮他完成这些跑腿儿的工作。于是，病人自愿留了下来。

这名资深医生技巧的高明之处在于，他着手处理了最后摊牌的情形："我要走了"对"你不能走"，提出问题让病人自己解决问题，这也是医生希望的方式。

当然，这仍然是一种摊牌方式，但医生承担了冲突并通过给病人提供虚幻的控制权解决了问题。一位在《华盛顿邮报》(The Washington Post)工作的资深编辑罗伯特·埃斯塔布鲁克（Robert Estabrook）说过："发表不同意见却让对方无法反对，你就发现了谈判中最宝贵的秘密。"

在绑匪和病人身上用来停止他们的"不相信"技巧，同样也可以使用在其他任何场合，甚至在谈判价格的时候也能用上。当你走进商店时，不要直接告诉售货员你"需要"什么,而是向他形容清楚你在找什么,然后询问他们的建议。

一旦你挑出了想要的,就不必向售货员抛出一个低价,只需要说这个价格超出了你的预算,同时用一个万能的"校准问题"寻求帮助:"我该怎么做呢?"这个做法的关键在于你要真诚地寻求帮助,你必须传递给对方这个信号。在谈判过程中,你不需要和售货员针锋相对,你只需要询问他们的建议,然后给他们虚幻的控制权。

因此,当你深入对话之中时,寻求帮助是一个强大的谈判技巧,能把双方从冲突性的摊牌变成合作性的共同解决问题。校准问题是最好的工具。

准备好校准问题

几年前,我给一位客户做咨询。她拥有一家小公司,公司的主要业务是给大公司做公关。大公司的人没有按时付账单,随着时间的积累,他们拖欠的钱越来越多。他们保证还有许多同样的公关工作需要她来做,暗示如果她继续跟他们合作,她将会有一笔很大的收入。他们以此继续拖着她,她觉得自己陷入了泥潭。

我给她的建议非常简单——我让她与他们对话,让她总结自己的处境,然后问:"我应该怎么做呢?"

她摇摇头说不行。她对这样的问题感到恐惧。"如果他们告诉我该怎么做,我就陷在里面了!"这是她的第一反应。

她还把我建议的这个问题看作"你们逼得我没有收入,不能再这样下去了"。似乎她作为公关顾问这样说,会遭到对方的指责。

我向她解释,她所担心的情况虽然看似会真实发生,但实际上仅存在于她的头脑中。只要她在提问时保持冷静,不要传递一种控诉或威胁的感情,她的客户就能倾听她的话而不会出现她所担心的情况。只要她保持镇定，他们就会把她的提问看成一个真正需要解决的问题。

她还是不太相信我。我们对着脚本演练了多次之后，她还是有些害怕。几天后，她给我打来电话，开心之情溢于言表。大公司客户又给她打来电话提出新的要求，她终于鼓起勇气总结了现在的处境，并问："我应该怎么做呢？"

你猜结果如何？对方的回答是："你说得对，你不需要做什么，我们很抱歉。"她的客户解释说他们正在处理一些内部问题，他们给了她一个新的支付联系人，并告诉她会在 48 个小时内给她付款。这结果如她所愿。

现在，请思考一下我的这名客户提出的问题是如何发挥作用的：没有对他们提出任何指责，却迫使大公司理解了她的困难，并给了她所期待的解决意见。其中的奥妙就在于开放性的校准问题，它能起到特殊的效果。

如同那些软化语气的用词"也许""可能""我想"一样，开放性的校准问题把对抗性言论中的进攻性抽走了，否则进攻性的问题会激怒你的对手。它们起作用的原因是它们需要被你的对手自我解读，而不是你给他们进行严格的定义。使用这些问题，你能提出观点和要求，同时，听起来也不会显得高高在上或咄咄逼人。

这就是"你们逼得我没有了收入，不能这样下去了"和"我应该怎么做"之间的区别。

校准问题的真正魅力在于，它们不会像陈述句那样被人当成靶子攻击。校准问题有一种力量，能潜移默化地让对方知道问题出在哪里，而非直接告知对方问题是什么，从而导致冲突。

但是校准问题并不是随意提出的，它们有一条指导性原则：当你确定需要进行一次谈话后，需要设计一些问题协助对话向正确的方向前进，同时让对方觉得是他们的选择把你带到了你想去的地方。

这就是为何我把这些问题叫作"校准"问题。你需要小心翼翼地校准它们,就像你校准一支枪一样,抑或像你调整测量尺度的尺子一样,聚焦一个具体问题。

好消息是,我们已经有了相关的提问规则。

首先,校准问题要避免使用一些词,比如"能够""是""确实",这些词都是在封闭性问题里使用的,能用简单的"是"或"不是"回答;相反,校准问题要包含一些人们认为是记者常用的疑问词,比如"谁""什么""何时""哪里""为何""如何",这些词能激发对手的思考,然后进一步做出回答。

我还要把这个用词列表缩减一些,最好包含"什么""如何",有时会用"为何",其余没有了。"谁""何时""哪里"经常会让对方答复一种事实情况而缺乏了思考,而"为什么"可能适得其反。无论"为什么"被翻译成何种语言,都带有责备性。用"为什么"可以给你带来优势的情况少之又少。

你能成功使用"为什么"的唯一情形是,你希望对方看到改变的情况,并已经建立起了支持这种改变的防线。"为什么你改变了常规做法,开始尝试我的办法"就是一个例子,"为什么你们公司不再选择长期合作的供应商而选择了我们公司"是另一个例子。说话的语气保持尊敬和恭敬是极其重要的。

在其他情况下,威胁性的"为什么"就像是一个烫手火炉,别去碰它。

只有两个词可以用于问句,似乎让我们觉得手里没有弹药,但请相信我,你可以用"什么""如何"来校准所有问题。"这是你喜欢的吗"可以变成"你如何看它们""它对你来说怎么样",你甚至可以问"它对你没什么作用,你觉得呢",很有可能促使对方对你说出一些有用的信息。

甚至是一些刺耳的提问,比如"你为什么这么做",也可以在校准之后转换成"是什么让你这么做的"。这样的提问除去了情绪,会让提问变得不那么有指责性。

你应该尽可能多地使用校准问题,你会发现其中有一些问句可以用在所有谈判的开场。"你所面对的最大挑战是什么"就是其中一个问句，它会让对方告诉你他们自己的一些情况，这对于任何谈判而言都是关键信息，因为所有的谈判都是一个信息收集的过程。

下面是一些备用问句，我在每次谈判中几乎都会使用到它们，根据具体情况而定：

- 这里面的什么东西对你而言是重要的？
- 我如何才能让它对我们更有利？
- 你希望我如何推进？
- 是什么让我们陷入这个境地？
- 我们如何才能解决这个问题？
- 目标是什么？/ 我们在这里想要完成什么目标？
- 我该如何做呢？

任何一个精心设计的校准问题都有它的复杂性，你想得到对方想要的东西，但你需要利用对方的智慧去克服困难。这对咄咄逼人或本位主义的对手而言，极具吸引力。

你不只是含蓄地通过提问来触发对方的善意，让他放松警惕，你还需要制造一种情形。在这种情形下，之前顶撞你、反抗你的对手现在开始用他的智力和情感资源来克服你的挑战。这是你的对手内化认同你的方式（也包含你遇到的问题）的第一步，这也将引导你的对手设计解决方案。

是为了你的解决方案。

回想一下前面的例子，医生是怎么使用校准问题来劝说病人留下来的。这个故事说明，让他人明白你的观点的最好办法，不是直接和他们的看法对抗（比如说"你不能离开"），而是公开表示你明白他们的观点（"我知道你很生气"），然后再引导他们朝着解决问题的方向前进（"你离开是为了得到什么呢"）。

就像我之前所说的，在谈判中赢得先机的秘密在于让对方拥有控制的幻觉，这就是校准问题要精心设计的原因。校准问题让你的对手觉得他们掌控着全局，但实际上是你在控制整个对话的框架，对方不会因为你的提问而觉得拘束。

有一次，我和FBI的一位领导就参加一个哈佛执行力项目的事谈判。他已经同意了这次出差的预算，但在我出发的前一天，他把我叫到了办公室，开始质疑这次出差的必要性。

我对他知根知底，知道他这样做只是想告诉我他说了算。因此，在我们谈了一会儿之后，我看着他问："你当时批准这次差旅的时候，是出于什么考虑？"

他明显地放松了，靠在了椅背上，拇指和食指捏在一起。这种体态语言经常表示说话人有高高在上、统领全局的自我感觉。

"听着，"他说，"你要保证回来之后，给所有人都介绍一下情况。"

这个问题专门校准承认了他的权力，推动了他对自己的行为进行解释，给了他掌控的幻觉。

而我如愿以偿。

对方不付钱怎么办

让我们先暂停一分钟，因为当你怀揣着校准问题进入一场谈判时，还有一件极其重要的事必须牢记：这一切都很完美，但还有一个关键因素——如果不会自我控制和情绪调节，它不会起作用。

我在训练谈判新手时，第一件要说的事是自我控制的极端重要性。如果你不能控制自己的情绪，那么如何能指望你来影响他人的情感？

我来讲一个故事，告诉你我说这话的含意。

不久前，一个自由职业的市场战略顾问来找我咨询问题。她的一位客户新雇了一位CEO，此人是个吝啬鬼，他的策略是尽他所能削减所有成本。他还是一个大男子主义者，不愿由一位女性战略顾问来给他出谋划策。

我的这位客户立即和她的CEO在电话会上产生了争吵，这在美国一些大公司里也是出现过的。几个星期后，我的这位客户觉得受够了，给这位CEO发去了她最后所做的工作账单（大约7000美元），同时，客气地说他们之间的工作合作未见成效。CEO答复说他觉得账单数目太高了，他只同意付一半的钱，剩下的可以再谈。

从那天以后，他就再也不接电话了。

隐藏的事实是，这个家伙不愿意被任何人质疑，特别是女性。因此，她和我一起设计了一个方案，向他表现出她理解自己的错误并承认他的权威，同时把他的精力引导到解决问题上来。

我们写的脚本里囊括了所有我们已经谈到的谈判中的最佳做法。具体步骤如下：

1. 一个"不"引导的电子邮件问题重新建立联系："你是否放弃了和平解决问题？"

2. 给出一个只能用"你说得对"来回应的陈述，建立一种指向协议的氛围："似乎你觉得账单不太公平。"

3. 用相关的校准问题促使他透露自己的想法："这个账单是如何违反了我们的协议的？"

4. 使用更多"不"引导的问题来排除未说出口的障碍："你是说我误导了你？""你是说我没有信守承诺？""你是说我违反了我们的协议？""你是说

我让你失望了？"

5. 如果他的回答令人无法接受，请标注并重复他给出的回答中的核心信息，这样他就会重新思考了："似乎你觉得我的工作效率低于了标准。""……我的工作效率低于标准了？"

6. 用一个校准问题来回答任何除了付全款之外的建议，目的是让他给出一个方案："我应该怎么做才能接受它呢？"

7. 如果以上方法都无法得到全款，就请标注他掌控权力的感觉："似乎你是那种在做生意的时候极度自信的人，应该是这样的，你不但能把饼做大，还能让大船行进得更快。"

8. 一个长长的停顿过后，再来一个"不"引导的问题："你是否想让自己成为一个众人皆知的不执行协议的人？"

根据我多年的谈判经验，这脚本有 90% 的概率成功。也就是说，如果谈判者保持冷静和理性，这个脚本就能奏效。但保持冷静和理性是一个重要的前提条件。

第一步，先使用神奇的邮件，效果比她想象的还要好。CEO 在 10 分钟之内打来了电话，这让她大吃一惊。但她立即被他高高在上的语气弄恼了，她所剩下的唯一想法是要向他证明他是错误的，他把意愿强加给她，这次的对话变成了一场毫无进展的摊牌。

我想不用说你也知道，她连一半的钱都没收回来。

请你记住这个故事，我现在将要结束本章，在此之前给你一些如何在谈判中保持理性的方法。即使你有最强的技术和战略，如果你希望有机会登上成功的巅峰，也需要学会调节你的情绪。

保持冷静情绪的第一条也是最重要的基本原则：咬自己的舌头。当然不是真的去咬，但是你要避免横冲直撞、易怒的反应。暂停，然后思考，让激动的情绪自然消散。这能让你整理思路，在说话的时候更慎重，也会降低你夸大其词的概率。

日本人找到了解决之道。当他们与外国人谈判的时候，即便日本商人完全能听明白外语，他们也通常会找一个翻译。这是因为通过翻译再说话，会让他往后退一步，这给他争取了组织语言回答的时间。

另一个简单的原则是，当你被语言攻击时，不要用语言反击，而要用校准问题来解除对手的武装。下一次当餐厅服务员或售货员想要把你推入语言的暴风骤雨中时，请试试这个方法，我保证你能扭转对话。

这里最根本的问题是，当一个人觉得自己失控的时候，他会产生心理学家所说的"人质心态"。由于对抗中没有力量，他会变得具有极强的防御性，或倾向于猛烈抨击。

从神经学上说，在这种情况下，我们大脑杏仁体里的"战斗或逃跑"机制或是大脑边缘系统里的情感因素，压倒了大脑皮层里的理性部分——新皮质，导致我们用冲动的、本能的方式做出过激的反应。

在谈判中，就像我的客户和CEO之间的谈判一样，这总是会产生消极的结果。因此，我们必须训练我们的新皮质来压制其他两个大脑的情绪。

这意味着你要"咬"自己的舌头，并学会如何有意识地改变自己的状态，寻求更积极的结果。这需要通过提问，甚至主动道歉来降低对手的"人质心态"（"你是对的，你确实有些艰难"）。

如果你能找到一个被警察包围的持枪绑匪，并给他戴上心电图检测仪，你会发现每一次问校准问题或者向他道歉，他的心率都会降低一点。这样你就营造了良好的氛围，并可以从中找到解决办法。

学习要点

谁在对话中拥有控制权？是倾听的人，还是说话的人？

当然是倾听的人。

这是因为说话的人吐露信息，而倾听的人如果受过良好的训练，将会把对话引导到他的目标上来。他利用说话者的力量来达到他自己的目的。

当你想要在日常生活中使用本章学到的技巧时，请记住这些都是倾听者的工具。这些工具并不是武力逼迫对手投降的强力武器，而是利用对手的力量来达到你的目的。它们是倾听者的柔道术。

当你把倾听者的柔道术加以实践后，请记住以下神奇的要点：

- 不要逼迫对手承认你是对的。咄咄逼人的对抗是建设性谈判的敌人。

- 避免问那些能用"是"或一丁点儿信息就能回答的问题。这样的问题不需要对方太多的思考，会引发对方的回报要求——对方会期待你回馈一些东西。

- 问一些包含"如何""什么"的校准问题。通过时不时地用这一类的问题寻求对方帮助，就能让他们产生控制的幻觉，激发他们说得更多，透露更多的重要信息。

- 不要问包含"为什么"的问题，除非对手是在防卫一个对你有利的目标。"为什么"经常会被用来责问，在任何语言里都一样。

- 校准好你的问题，让对方向着解决你的问题的方向前进。这将鼓励他们投入更多的精力来寻找解决方案。

- 咬自己的舌头。当你在谈判中被对方言语攻击时，请冷静地暂停一下，避免恼怒地反击，应向对方提出校准问题。

- 对方那边总还有一支友军。如果你不能影响到谈判桌之外对手背后的力量，你将是脆弱的。

第八章
∞ 确保执行 ∞

如何发现撒谎者，
确保所有人贯彻执行

几年前，路易斯安那州的圣马丁堂区监狱发生了一起危险而混乱的暴动，一些囚犯拿着自制的刀具绑架了典狱长和他的几位同事。情况万分危急，因为囚犯情绪紧张，又没有组织，这些令人担忧的因素交织在一起，意味着悲剧随时会发生。

谈判专家们认为，在狂躁之下，囚犯其实并不想伤害监狱管理人员。他们知道自己现在被逼到了墙角，他们最大的愿望是让事件早点结束，而不是别的。

但是有一个顽固的障碍：囚犯害怕在劫持监狱管理人员（更别说是劫持典狱长了）后投降，会受到残酷的殴打。

因此，谈判专家给了劫狱的囚犯一对对讲机，精心设计了一个投降仪式来结束这场暴动。这个主意是极其简单的：

让劫狱的囚犯派出一个人拿着对讲机往外走，途中需要穿过监狱外3个由不同执法部门组成的包围圈。当他走出最后一个包围圈之后，会登上囚车被送去牢房。在那里他会用对讲机向同伙喊话，大致上是说："他们没有揍我。"然后同伙就知道像他这样一个接一个地走出来是没有挨打的风险的。

讨论了一会儿之后，劫狱的囚犯们同意了这个计划，第一个囚犯走了出来。开始非常顺利，他走过了联邦警察的封锁线，走过了特种部队的封锁线，然后继续往最外圈走。但就在他将要爬上囚车时，有人看到了他的对讲机，说："你拿着这个东西干什么？"然后，在把他送往监狱前没收了对讲机。

还留在监狱里的同伙们崩溃了，因为他们派出去的人并没有用对讲机呼叫回来。有人开始用对讲机呼叫谈判专家，并大喊大叫："他为什么不回话？他被揍了吧？我告诉过你们会这样！"他开始威胁要砍掉一个人质的手指，让谈判专家知道他们是认真的。

现在轮到谈判专家崩溃了，他们冲到封锁线上开始搜寻对讲机。这是生死的赌注，至少是人质的一个手指。

最终，经过15分钟令人焦灼的等待之后，特种部队的一个成员走过来非常"自豪"地说："不知哪个笨蛋给了这个家伙一个对讲机。"他把对讲机交给谈判专家时还面露微笑。谈判专家顾不上责骂他，飞快地赶往监狱，让第一个出来的劫狱囚犯用对讲机呼叫回去。

危机化解了，但是太惊险了。

这个故事说明，作为一名谈判者，并不只是去谈成一个协议，而要达成一个能执行的协议并确保执行到位。谈判者是做决定的建筑师，他们需要动态地、主动地设计谈判中的语言和非语言因素，获得赞同并确保执行。

如果没有"如何做"，"同意"是毫无意义的。如果说口头同意是一个好结果，那么书面协议就更棒了，最好能直接签署支票。仅有口头同意，你还无法获得利益，还需要后续的执行。成功并不是绑匪说"是的，我们谈成了"，成功需要后续的执行，需要他们释放人质，并面对面地对你说"谢谢"。

在这一章里，我将告诉你如何推动并获取赞同，包括谈判桌上的，也包括"地下"看不见的力量；我将告诉你如何从虚假的赞同中区分出真正的交易，以及如何使用3条原则确保执行。

没有"怎么做"，"同意"一文不值

菲律宾多什帕尔马斯绑架危机过去一年之后，我那时在匡提科的FBI学院教书，FBI正好接到了来自美国国务院的一个紧急电话：一名美国人在厄瓜多尔丛林里被一个基地在哥伦比亚的叛军组织绑架了。作为 FBI 国际人质的谈判负责人，这是我的案子，于是我召集了一班人马在匡提科设立了行动总部。

何塞和他的夫人朱莉几年来一直在哥伦比亚边境的热带丛林里带旅游团。何塞出生在厄瓜多尔，后来加入了美国国籍，在纽约当过护士，后来，他和朱莉决定在他的故乡成立一个生态旅游公司。何塞热爱厄瓜多尔丛林，他长久以来的梦想是向游客们介绍在树上游荡的猴子和路边芳香的花朵。

2003 年 8 月 20 日，他们对生态旅游项目的美好设想戛然而止。那天，何塞和朱莉带领 11 名游客从米拉河的急流中漂流而下。在水上愉快地度过了一天后，每个人脸上都洋溢着笑容，他们浑身湿透地爬上吉普车去往附近村庄的旅舍。何塞开着领头的卡车，一边开车一边说笑。朱莉坐在他的右边，怀里抱着他们 11 个月大的孩子。

在离旅舍还有 5 分钟的路程时，3 个男子跳到了路中间，用手中的枪瞄准了何塞的卡车。而后第四个男子出现了，用左轮手枪指着朱莉的脑袋，他们把何塞拉下车，塞进了卡车车厢里。随后，绑匪命令车队穿越数个小镇到一个交叉路口，他们下车押走了何塞，何塞下车的时候从朱莉的座位旁走过。

"记住，"朱莉说，"无论发生什么，我都爱你。"

"不用担心，我会没事的。"何塞回答说。

然后，他和绑匪们就消失在了丛林里。

绑匪要求 500 万美元的赎金，我们想要争取更多的时间。

在经历了多什帕尔马斯悲剧和匹兹堡的顿悟之后，我渴望在实践中使用总结得来的"校准问题"法。因此，当何塞被绑架后，我把我的人派到厄瓜多尔，并告诉他们我有一个新的策略。这次绑架事件给了我们一个证明新策略的机会。

"所以，我们要说的就是'喂，我们怎么知道何塞安然无恙？如果何塞没问题，我们如何才能付给你们钱？'一遍一遍地反复问。"我是这样告诉他们的。

虽然对未经检验的技术还有些担心，但我的人都很勇敢。当地的警察也很生气，因为他们通常用来证明人质存活情况的办法都是过时的（FBI最早教他们的）。幸运的是，朱莉百分之百站在我们这边，她相信只要有足够的时间，她的丈夫就会找到回家的办法。

绑架发生后的第一天，绑匪们押着何塞走进了哥伦比亚边境的山区，住在丛林高处的一个木屋里。在那里，何塞努力和绑匪们建立起了一种和谐的关系，这让他不那么容易被杀。他丰富的丛林知识给绑匪们留下了深刻的印象，凭借空手道黑带的水平，他在空闲时就教他们武术。

在等待绑匪们联络的空当，我的谈判专家每天都在培训朱莉。后来我们了解到，绑匪的谈判代表，每次都需要走到镇上才能和我们通话。

我们的人请朱莉用问答的方式回答绑匪们的一切要求。我的策略是和绑匪们保持接触，让他们失去思考的平衡。

"我怎么知道何塞还活着？"她在第一次通话中问道。

对于他们提出的500万美元的赎金要求，她说："我们没有那么多钱，我如何才能筹到这笔钱呢？"

"我们不知道何塞的情况，怎么才能付你钱呢？"在他们第二次通话时朱莉接着问。

提问，永远是提问。

负责谈判的绑匪似乎完全被朱莉坚持不懈的提问弄晕了，他总是要求多给他点儿时间让他思考，这样就把谈判的步伐放缓了。但他始终没有对朱莉动怒，因为回答问题时他拥有一种控制着谈判的幻觉。

经过不停提问和给予一点儿细微的好处，朱莉把赎金降到了1.65万美元。

当谈到这个价格的时候,绑匪要求她立即付钱。

"我为此必须卖了我的轿车和卡车,之后我该怎么办呢?"她问。

她总是能争取到更多的时间。

我们开始露出微笑,因为成功近在眼前。我们已经把赎金降到了这个家庭所能承受的范围之内。

然后,我在半夜接到了派往厄瓜多尔的同事的电话。这位同事名叫凯文·拉斯特,他是一名反恐谈判专家,也是一年前打电话告诉我马丁·伯纳姆被杀害的人。我听到他的声音心里一紧。

"我们刚刚接到何塞的一个电话,"凯文说,"他还在绑匪的领地,但已经逃脱了,他现在在一辆公共汽车上,正设法跑出来。"

我过了半分钟才反应过来,我这时唯一能说的就是:"太棒了!这真是一个令人难以置信的好消息!"

我们后来才知道当时发生的事情:因为此前的延误和发问,一些绑匪离队了,并且再也没有回来。很快,只剩下一个少年在晚上守着何塞。一天傍晚,下起了倾盆大雨,何塞看到了逃跑的机会。雨水敲打着金属屋顶,淹没了其他所有的声音,那位孤独的少年守卫睡着了。何塞知道外面潮湿的树叶会放大他的脚步声,因此何塞选择爬过窗户,跑过丛林小径,跑到一条土路上,一路努力来到一个小镇。

两天之后,他回到了朱莉和孩子的身边,那时正好是他女儿一周岁生日的前几天。

朱莉是对的,只要有足够的时间,何塞就能找到回家的路。

用校准过的"如何"来提问,是保持谈判继续进行的有效方法。这些问题把压力推给了你的对手,让他们来回答,让他们在提出要求的时候需要深思你面临的问题。

正确使用足够多的"如何"问题，你就能读懂并塑造谈判环境，最终得到你想要的结果。你在设计问题的时候，只需弄清楚自己想让谈判往什么方向走就行了。

用"如何"提问的技巧在于正确地使用它，它会用温文尔雅的方式说"不"，还能引导对方想出一个更好的解决方案——一个你要的解决方案。一个温和的"如何／不"的问题能促进合作，让你的对手有一种被尊重的感觉。

我们回过头来看哥伦比亚绑匪第一次提出要求时，朱莉是怎样做的。

"我如何才能筹到这笔钱呢？"她问。

请注意她并没有使用"不"这个字，但她仍然成功地用优雅的方式拒绝了绑匪 500 万美元赎金的要求。

就像朱莉所做的那样，你第一个和最多使用的说"不"的问句，都是各种版本的"我如何才能做到"（比如，"我如何才能筹到这笔钱呢"）。你说话的语气十分关键，因为语气不对，这句话就会变成一种指控或寻求帮助，而非拒绝。因此，请注意你的语气。

这个问题有利于让对方更好地了解你的处境。积极的因素可以形成我所说的"强制共情"，如果你已经和对方建立起了"共情"，效果就会倍增，这会引发双方的互利回报，引导对方为你做一些事情。在何塞绑架案一开始，"我应该怎样做"成了我们应对绑匪索要赎金的主要回应，可见我们从来没有失策过。

有一次，我和一位名为凯莉的财务咨询师一起工作，有一家客户公司欠了她一大笔钱，但她还是坚持为这家公司做咨询。因为她认为自己是在推动一个有用的合同，也因为对方看似诚心地保证将会付款。

过了一段时间，凯莉需要支付的账单拖欠得太多了，她陷入了困境。她觉得自己无法继续工作了，此刻只有一个想法——她想知道对方什么时候才能付给她钱。但她也担心如果催促得太急，可能一分钱都拿不到。

我告诉她继续等待，直到客户再次要求她做更多的工作。因为如果她直接坚决地向对方提出付款要求，一旦被拒绝对她就会很不利。

幸运的是，客户很快就给凯莉打来电话，要求她做新的工作。当对方说完要求后，她平静地问了一个"如何"的问题。

"我很愿意提供帮助，"她说，"但我怎样才能做到呢？"

她表达了自己的工作意愿，同时要求对方帮助寻找执行的方法，她使这位赖账的客户别无选择，只能把她的需求放在第一位。

然后，她就拿到了钱。

除了"不"之外，另一个用"如何"提问的好处在于，直白点说是能迫使你的对手思考和解释该如何执行一个决议。没有好的执行，协议就是一张废纸。糟糕的执行就像是癌细胞，它会吞噬你的利润。

通过让对方用自己的语言来说明执行方法，你精心校准过的"如何"这个问题将让他们相信，最后的解决办法是他们想出来的，这点非常关键。人们总是会倍加努力地去执行自己的方案，这是人类的本性，这就是为什么谈判总是被称为"让别人走上你的道路的艺术"。

有两个问题值得你向对方提出，以便推动对方思考，用他们的方式来定义成功——"怎么才能知道我们走在正确的道路上"和"如果我们发现自己走错路了，我们应该如何应对"。当他们回答的时候，你要不断总结他们的话，直到对方说出"你说得对"，然后你就知道他们被你掌控了。

相反，也请小心，有两个语言标志显示对方并不认为解决方案是他们的。如我之前所说，如果他们说"对你而言是对的"，那通常表明他们并不认同讨论的结果；当你推动、执行的时候，他们说"我会试一下"，那你就该心里一沉了，因为这样说的真实意思是"我不打算做了"。

当你听到上述两句话的时候，请迅速掉头并继续使用带有"如何"的校准问题，直到他们用自己的语言定义出成功执行的标准。接下来，你就总结对方所说的话，让对方回答"你说得对"。

让对方感受到胜利，让他们以为这是他们的主意，其实这已经把你的想法包含在内了。请记住，没有"如何"，"是"就没有意义。请不断用"如何"来提问，直到取得成功。

影响谈判的背后因素

何塞回到美国几周后，我开车去了纽约上州——他们住的地方。

我为何塞的成功逃脱欢呼雀跃，但我心里还有一个不安的忧虑：我的新策略失败了吗？你看，何塞是回家了，但不是通过我们的谈判而被释放的。我担心这次绑架事件的成功解决与我们的明智策略无关，纯粹是走了大运。

我受到了朱莉和她父母的热情欢迎，之后我和何塞倒了杯咖啡坐了下来。我去家访，是因为危机谈判小组要求做一个幸存人质的访谈。我要了解的是，面对绑架者时，如何给当事人提建议才能最大可能地有助于人质幸存。这不仅是肉体上的幸存，精神上也一样。我急切地想知道背后发生的故事，因为我的策略似乎没有发挥作用。

最终，我们的对话转到了使用校准这一问题上。

"你知道吗？"他说，"最疯狂的是，他们的谈判代表原先打算住在镇子上负责协议谈判，但因为朱莉不停地问他各种问题，他不知道该怎么回答，于是经常从镇子跑回到丛林里。他们总是聚在一起，就如何回答问题进行长时间的讨论。他们甚至考虑过把我带到镇子上让我通话，因为朱莉不停地问如何才能知道我安然无恙。"

这时，我知道我们有了正确的工具。它与伯纳姆的案子截然相反，那时我们和绑匪中的一个谈判代表达成了协议，其他绑匪收了 30 万美元的赎金之后却说："不，不是我们和你们谈的协议。"而像这次这样让对方费尽了力气，逼得他们内部苦苦协调为我们的目的服务，这是前所未有的。

我们在厄瓜多尔的谈判策略发挥了作用，究其原因并不仅是我们的提问为何塞逃脱创造了条件，而是这些问题让绑架者，也就是我们的对手，与我们保持同步。

是的，极少有绑架者或商业交易谈判者会单打独斗。大部分情况下，都会有其他参与者，他们能成为交易达成者，也能成为破坏者。如果你真的想要得到"是"，让你的协议得以实施，你就必须知道如何去影响这些人。

当有人承诺他会执行时，对承诺的支持因素就成了关键。在你还未能确认一个人的承诺之前，你总是需要去确认和挖掘他的动机。通过提出几个校准问题就能做到，比如"这将对你团队中的其他人造成怎样的影响""没有参加这个电话会的人怎样才能认同我们的协议"，或简单地问"你的同事认为他们在这个领域的主要挑战是什么？"

我在这里要解释一个更大的概念：在任何谈判中你必须分析全局。

当其他人被谈判的内容影响时，后续却能在谈判中发挥他们的权力或影响力，那么只考虑在谈判桌上的人的利益是不明智的。你必须意识到"谈判桌之外"的或"第二层"的参与者，他们没有直接参与谈判，但他们是能在愿意时有助于协议执行，在不愿意时可以破坏协议执行的人。你不能忽视他们，即使和你谈判的是 CEO，总会有人给他传递悄悄话的。在最后的关键时刻，破坏协议的人往往比制定协议的人更重要。

我们再回来思考监狱暴动事件：处理工作差一点就被搞砸了，因为我方的一个参与者并没有跟我们的行动保持完全一致，这也是我们在厄瓜多尔案子中提出校准问题时需要注意避免的，也是何塞能逃脱回家的原因。

只要有一个不安分的参与者，就能毁了整个协议。

由于在私营企业干了几年，我对隐藏在谈判中的"谈判桌外"因素的重要性失去了评估意识，着实为此付出了代价。

那时，我们即将谈成一个与佛罗里达州一家大公司的协议——为他们的一个部门提供谈判培训。我们和那家公司的CEO及人事部负责人多次通话，他们俩都百分之百地同意我们的出价。我们兴高采烈地认为，这是对方公司高层的决定，这个协议对我们而言是非常赚钱的。

然而，当我们正在草拟附属细则的时候，这个协议却突然"破裂"了。

事情发生的原因是，需要培训的部门领导否决了这个协议。也许，这个家伙觉得自己受到了威胁，被忽视了，或因为听说自己和下属"需要"培训而觉得受到了某种伤害（在谈判中，有惊人的高比例的主导因素是在价格之外的，经常与自我认知、状态和其他非财务需求相关）。我们现在已经无法知道真正的原因了。

问题的关键在于，我们注意到这一点已经太晚了，因为我们一直以为，我们在和唯一的决策者通话。

如果我们能提出一些校准问题，就能完全避免走到这一步，比如：这个决定对别人有什么样的影响？你团队中的其他人如何能同意执行协议？我们怎样才能确认向正确的人传递正确的信息？我们如何才能确定将要接受培训的经理们能全心全意地认可协议并执行？

如果我们之前问了这些问题，CEO和人事部门的负责人就会和业务部门的人确认，甚至会把部门负责人也拉入对话中，然后也就避免了我们现在的痛苦。

定位说谎者，处理焦躁者，吸引所有其他人

作为一名谈判者，你将会碰到当面对你撒谎、想吓唬你逼你达成协议的人。咄咄逼人的笨蛋和说谎者都有自己的地盘，你需要对付他们。

但是处理对方的进攻以及辨别谎言只是一个更大范畴的一部分，也就是学会如何定位和解读沟通中的微妙因素，其中包括语言的和非语言的。这些因素透露了对方的心理状态。

真正有影响力的谈判者对谈判中的真实语言、奉承唠叨和非语言因素都保持着清醒。他们知道如何利用这些微妙因素为自己争取优势，甚至在你给出建议时修改一个单词（比如用"不要失去"替代"保持"），也会让对方有意识地决定潜意识里产生的影响。

在这里，我想介绍一下能帮助你识别说谎者的工具，能让焦躁者解除武装，还能同时吸引其他所有人。当然，开放性的"如何"问题只是其中的一个工具，也许是最重要的一个，但也还有其他许多工具可用。

2004年的一个夜晚，阿拉斯泰尔·昂格林斯万当时住在菲律宾，他叫了一辆出租车，从马尼拉的绿山购物中心出发回家，路程很远。

他昏睡了过去，醒来时发现自己已经被铁链绑住了。

不幸的阿拉斯泰尔遇到的出租车司机有个第二职业——绑匪。他在前座下藏了一瓶乙醚，当目标乘客睡着后，他就给乘客下药，然后囚禁他，索要赎金。

几个小时后，绑匪就用阿拉斯泰尔的手机联系上了他在纽约的女朋友。他要求她每天支付他"照顾"阿拉斯泰尔的费用，并开始研究阿拉斯泰尔的家庭经济实力。

"你不付钱也没关系。"他说,"我随时都能把他的身体器官卖到沙特阿拉伯。"

在 24 小时内,我在匡提科接到了领导谈判的任务。阿拉斯泰尔的女朋友因为太紧张,没有能力代表家庭出面谈判,而他住在菲律宾的母亲则想要接受绑匪提出的任何要求。

阿拉斯泰尔住在马尼拉的兄弟阿伦与他们不同,他有谈判的念头,他能接受阿拉斯泰尔可能会被杀害的结局,这让他成了一个相对较好的、更高效的谈判代表。阿伦和我建立起了一条随时通话的热线,我成了阿伦在世界另一头的指导专家。

通过绑匪的言论和要求,我发现他是个有经验、有耐心的家伙。为了表达自己是认真的,他提出割下阿拉斯泰尔的一只耳朵,和割耳朵的录像一起寄给阿拉斯泰尔的家人。

要求每天付钱很明显是一个陷阱,目的是迅速攫取受害者家人的钱财,越多越好,也可能就此来探查他们的富裕程度。我们必须在阿拉斯泰尔的家庭破产之前搞清楚这个家伙到底是谁,他是单独作案还是团伙成员之一?他是否计划杀害阿拉斯泰尔?为此,我们需要和绑匪开始一场拖延时间的谈判,我们必须把节奏放缓。

我在匡提科给阿伦灌输校准问题的知识。我指导他不断地向那个暴力的焦躁者提出"如何"的问题,比如:我该如何?我如何才能知道?我们如何才能?在对付焦躁者时,顺势而为能产生强大的力量,能让你用隐藏的方式,非常自信而坚定地说"不"。

"我们怎样才能知道,如果我们付钱,你就不会伤害阿拉斯泰尔?"阿伦问。

在中国武术太极拳中,讲求的是用对手的进攻力量来对付他自己——把对方的进攻变成你的力量还治其人之身。这也是我们在阿拉斯泰尔的案子中使用的策略：我想"吸收"他的威胁，让他筋疲力尽。因为我们让他和我们约一个电话时间都十分困难，所以我们同时拖延回复电子邮件。

通过这些技巧，我们占据了有利地位，也给了绑匪控制的幻觉。他以为自己解答了阿伦的问题，其实只是让我们了解他并浪费了他的时间。你看，最好不要和绑架阿拉斯泰尔这样咄咄逼人的绑匪针锋相对。相反，应该经常使用包含"什么"和"如何"的问句来避免赎金竞价或调整你自己的谈判地位，学会避开锋芒，迂回前进。

最终，我们就每天的赎金问题经过了许多天来来回回的谈判，阿伦终于使绑匪同意了一个价格，并允许把一部分钱存到他的银行账户上。在支付了部分款项之后，阿伦完美地使用了一个包含"如何／什么"的校准问题，采取非对抗的方法直接和绑匪交手。

"到我们无钱可给的时候，会发生什么？"他问。

绑匪沉默了一会儿。

"不会有什么事的。"他最后回答说。

成了！

绑匪自己还没有意识到，他已经向我们承诺不会伤害阿拉斯泰尔了。一系列的重复包含了"什么"和"如何"的提问，可以帮你战胜对手制造的人为威胁手段。

你在最后一轮交易中可以看到，绑匪和阿伦长时间交谈之后，几乎把阿伦当成了朋友。只要时间足够长，绑匪就会放松警惕，花时间和他的"朋友"打电话。菲律宾国家警察部门的探员最终通过电话追踪到了一座房屋，并进行了突击行动。绑匪和阿拉斯泰尔并不在房子里，但绑匪的妻子在，她告诉警察他们还有另一所房子。于是，警察迅速突袭了另一所房子，解救了阿拉斯泰尔，并逮捕了绑匪。

还有其他许多技巧和方法，可以使用沟通中微妙的语言和非语言方式来理解和塑造对方的心理状况。我会把一些技巧和方法快速地讲解一遍，希望你花点时间把它们内化到你的心里。这些工具能让机警的谈判者击中对方要害。

"7-38-55"规则

在两项关于人为何喜欢或不喜欢他人的著名研究中，加州大学洛杉矶分校的心理学教授阿尔伯特·梅拉比安（Albert Mehrabian）发明了"7-38-55"规则——只有7%的信息是通过语言表达的，38%是通过语调表达的，而有55%是通过说话人的肢体语言和表情表达的。

这些数据与我们如何形成对别人的态度相关，这条规则无疑给谈判提供了一个有用的比例工具。你看，肢体语言和语调（不是语言文字）是最有用的评估对象，也就是为何我会经常不惜飞到很远的地方和别人面对面谈话，即使我可以在电话里把许多需要说的内容说出来。

所以，你应该如何使用这条规则呢？首先，密切关注说话者的语调，检查语调与语言文字所要表达的意思是否相符。如果不符，很有可能说话者是在说谎或者他不自信。

当一个人的语调或肢体语言与其所说的话不一致时，就请用标注的方法来找出不一致的根源。

在此举例如下。

你："所以，我们达成一致了？"

他："是的……"

你："我听你说了'是的'，但你的语气里好像有点犹豫。"

他："哦，这没什么关系，真的。"

你："不，这很重要。让我们确认一下确实没有误解。"

他："谢谢，谢谢你的确认。"

通过这种方法可以让你的协议在执行中不再出现意外，对方也会对你表示感谢。你通过标注的方法，确认可能存在的不一致并妥善处理，会让对方感受到你的尊敬。最终，你们之间的信任关系将会更稳固。

三次原则

我相信你在生活中碰到过这样的情况：你在一场谈判中得到了"是"的答复，后来却变成了"不"。可能是对方欺骗了你，也可能他们只是在自己的理想愿望里。不管是什么原因，这种经历并不罕见。

这种情况之所以会发生，是因为"是"其实有3种：承诺的、确认的和虚伪的。

我们在第五章讨论过，许多推销员想让客户掉入承诺的"是"的陷阱，许多人却非常擅长说虚伪的"是"。

一个能避开陷阱的有用的方法就是"三次原则"。

三次原则非常简单，让对方在一次对话中对某件事情同意三次，它可以让你在任何时候把想要发挥的力量增强三倍。通过这个原则，就能事先发现问题。因为人确实很难连续地说谎或做伪证。

当我第一次学到这个技巧时，我的最大顾虑是，如何避免让自己像一个破唱片机一样重复"说话"？

我悟出的答案是，你要使用不同的技巧。

当对方第一次同意某事或给你承诺的时候，是第一次说"是"。第二次，你可以标注或总结对方所说的话，然后对方会回答"你说得对"。第三次可以是一个包含"如何"或"什么"的校准问题，内容关于协议执行，问对方什么是成功的必备因素，比如"如果进展不顺，我们该如何做"。

这三次可以是同样内容的校准问题，用三个不同的方式来提问，比如"你面对的最大挑战是什么？我们最需要解决的是什么问题？在你看来要想顺利推进，最大的困难是什么？"

无论用哪种方式提问，同一个内容重复三次就能发现真假，也能发现我们在上章内容谈到的语言和体态的不一致。因此，下次如果你不确定对方是否真诚或是否做出了承诺，就可以试试这个方法。

匹诺曹效应

对卡洛·科洛迪（Carlo Collodi）笔下的著名童话人物匹诺曹（Pinocchio），你能很容易地知道他有没有撒谎——只要看他的鼻子就可以了。

这说明科洛迪写童话的时候并没有脱离现实太远。大部分人在说谎的时候会表现出明显编故事的信号。虽然不是鼻子变长，但也很相像了。

在一份关于谎言的构成的研究报告中，哈佛商学院的迪帕克·马尔霍特拉（Deepak Malhotra）教授和共同署名学者发现，平均而言，谎言比真话用词更多，使用更多的第三人称代词。他们会说"他""她""它""有人""他们"，而不是"我"，目的是拉远自己和谎言之间的距离。

他们还发现，说谎者倾向于说更复杂的句子，想要据此骗过产生怀疑的对手。这是 W. C. 菲尔德（W. C. Field）所说的"用废话把对方弄晕"，研究者称为"匹诺曹效应"。因为人在说谎时，语言就像匹诺曹的鼻子似的会变长。可以这样理解：说谎的人更担心不被相信，因此他们会更努力、过分努力，使自己的话看似可信。

注意代词的使用

关注对方使用的人称代词，可以帮助你评估对方做决定的过程中的地位以及对方的执行力情况。他们越喜欢用"我"，就说明他们越不重要。

相反地，如果谈判者的地位越重要，就越不会使用第一人称代词。就像马哈特拉教授在研究中指出，说谎的人会尽量让自己远离谎言。在谈判中，一个聪明的决策者并不希望自己被逼到墙角，被迫做出决定，他们会把话题引向谈判桌之外的人，以防自己陷入被动。

在菲律宾阿拉斯泰尔·昂格林斯万绑架案中，作为绑匪的出租车司机在事件发生早期严格地使用"我们""他们"，以至于我以为自己是在和一群绑匪的头目打交道。直到人质被解救，我才得以知道真相。在第二章的曼哈顿大通银行的案子中，劫匪克赖斯特·沃茨始终在说"其他的人"是多么危险，而自己无力影响"他们"。他从头到尾都在撒谎。

克里斯的折扣

人们在谈判中总是会记住和使用（不是过度使用）对手的名字，这非常重要。事实上，人们经常会因为对方总在叫自己的名字而被弄得筋疲力尽。老到的销售员会用这个方法反复折磨客户，来推动他们说"是"。

相反，我们可以使用另一种方法——使用我们自己的名字。这是我在圣诞节争取到商品打折的方法。

就像我们在与绑匪谈判时经常直呼人质阿拉斯泰尔的名字，让绑匪也不知不觉开始说人质的名字。谈判中的人质变成了一个真实的人，能减少他受伤的可能。而在说话中使用你自己的名字，可以起到"强制共情"的效果，能让对方把你当作一个真实的人来看待。

几年前，我在堪萨斯州的一个酒吧里与一群FBI谈判学员聚会。酒吧里坐满了人，但我发现还有一个空椅子，于是我向空椅子走去。就在我打算坐下时，边上的一个家伙开口道："你别想坐这儿。"

"为什么？"我问。他说："我会揍你。"

他是一个壮实的大块头，而且已经醉醺醺的了。而我是一个人质谈判专家，紧张的形势需要缓和，这对我来说有很大的吸引力，就像火焰对飞蛾的吸引力一样。

我伸出手，和他握了一下手说："我叫克里斯。"

那个家伙呆住了，趁着这个停顿的时候，我的FBI学员们走进了酒吧。我拍了拍他的肩膀，提出要请他喝酒。后来我们才知道，他是一个越战老兵，当时情绪正低落。他在一个熙熙攘攘的酒吧里，似乎所有人都在庆祝，他唯一能想到的就是打一架。但当我从一个不知名的陌生人变成"克里斯"之后，一切都改变了。

现在，我把这种思路运用到商业谈判中去。在堪萨斯州的酒吧的经历发生了几个月后，我来到一个打折商场挑选衬衣。在前台，年轻的售货员小姐问我是否愿意成为他们的会员。

我问她如果成为会员是否可以打折。她回答说："不能。"

我打算从另一个角度再试试。于是，我用友好的态度对她说："我叫克里斯，克里斯的折扣是什么？"

她从工作台前抬起头，碰到了我的目光，轻声笑了起来。

"我要去问问我的经理凯西。"她说着转向了身边站着的另一个女人。

凯西听到了我们的谈话内容，她说："我最多能给他打9折。"

请把自己具象化，用你的名字来介绍自己，用有趣、友好的方式把自己的名字说出口，让对方也享受互动的过程。与此同时，你也拿到了你独有的特殊价格。

如何让对手自我竞价

就如同朱莉在哥伦比亚边境绑架案中对绑匪所做的一样，让你的对手降低期望的最好办法是，用包含"如何"的提问来说"不"。这种间接说"不"的方式不会生硬地关闭对手期望的大门，而伤人面子直接说"不"才有这个危害。实际上，这种反应非常像反竞价，而你的对手经常会因此和自己展开竞价。

我们发现，你在直接使用"不"这个字之前，往往有4次机会可以用其他方式来表达"不"的意思。

间接说"不"的第一种还是老套路：

"我该怎样做呢？"

你可以用恭敬的方式表达，因此这变成了一种求助。表达得体将引导对方陷入你的为难境地，帮你提出更好的解决方法。

自那以后，第二种说"不"的方式可以是以下的表达：

"你的建议十分慷慨，但抱歉，这对我而言不起作用。"

这是一个经过检验的、有效的反馈，避免提出反竞价。而"慷慨"这个词的使用能让对方感觉得到了滋润。"抱歉"同样软化了说"不"的语气，同时建立了感同身受的错觉（你可以忽略一些所谓的谈判专家所说的道歉就是软弱的表现）。

第三种，你可以使用一些句子，比如"对不起，恐怕我做不到"。这样说有一点儿直接，"做不到"能产生两方面巨大的作用：在表达了无法做到之外，也能激发对方对你的同情心。

"对不起，不行"是第四种说"不"的方法，也是更简洁的方法。如果温柔地说出口，听上去就完全不会有负面的含义。

如果你还需要更进一步,当然,直接说"不"是最后也是最直接的方式。语音上,要用降调来表达一种遗憾,而不是强硬地说"不"!

我的一个学生名叫吉泽斯·比诺,不久前他写信给我,告诉了我一个有趣的故事——他用了一系列说"不"的步骤,帮助他的兄弟华金摆脱了商业的窘境。

他的兄弟和两位朋友在西班牙北部购买了大麻特许经营权。在当地,个人吸食大麻是合法的。华金和他的合伙人布鲁诺每人投资了 2 万欧元,分别获得了 46% 的股权(另一个小合伙人投资了 3500 欧元,占股 8%)。

从一开始,华金和布鲁诺的关系就很不稳定。华金是一个出色的销售员,而布鲁诺是一个优秀的会计师。小合伙人也是一个出色的销售员,他和华金认为推进销售是正确的战略方向。这意味着为了提高订单量和复购客户,将进行降价销售,而布鲁诺对此不以为然,他的计划是注册一个网站来扩大经营品类。对华金的做法,布鲁诺依然认为此路不通。

随后,布鲁诺的老婆也成了一个问题,她开始喋喋不休地抱怨华金不应该在商业扩张上花这么多钱,他应该赚取更多的利润。有一天,华金在检查库存时发现,有一些他们应该进货的商品并没有出现在货架上。他在网上搜索这些商品,发现在一个以布鲁诺老婆名字注册的 eBay 网店上,售卖的正是这些短缺的商品。

这件事导致了布鲁诺和华金之间激烈的争吵,给他们的关系蒙上了一层阴影。在争吵最激烈的时候,布鲁诺告诉华金,他要公开抛售自己的股份,因为他觉得这个生意风险实在是太大了。因此,华金找到了他的兄弟,也就是我的学生吉泽斯,来寻求对策。

因为他们认为,布鲁诺是因为他老婆的压力才威胁要抛售股份的。于是,吉泽斯帮助华金设计了一个让对方感同身受的信息:"似乎你妻子给了你不少压力。"华金也正在闹离婚，因此他与吉泽斯决定以妻子的问题作为切入点，并准备使用指控审查的技巧："我知道你认为我不顾成本，从公司攫取利润。"这样说是为了打消负能量，让布鲁诺开口说话。

一切如同有魔力般向前推进。布鲁诺马上同意指控审查的内容，开始解释为何他认为华金在花费上大手大脚，他还注意到了没有人像华金这样支持他（华金从他母亲那里得到了启动贷款）。华金使用重复的技巧让布鲁诺不停地说下去，布鲁诺果然滔滔不绝。

最后，华金说："我理解你能从你妻子那里感受到怎样的压力，我也正在离婚的过程中，这确实会给你造成很大的困扰。"在这之后，布鲁诺整整数落了他老婆10分钟，并透露了一个重要信息——他老婆最近非常沮丧，因为给他们贷款2万欧元的银行重新审查了他们的贷款情况，给了他们两个选择：要么全款还清贷款，要么支付高得多的利息。

成功了！

华金和吉泽斯得到这个信息后高兴得拥抱在了一起，他们决定让华金试试用比贷款稍高一点儿的合理价格来收购布鲁诺的股权，因为布鲁诺已经从公司领走了1.4万欧元的薪酬。银行给布鲁诺的信让他处于不利位置，华金确认自己可以出个低价，因为并没有一个真正的市场可以让布鲁诺出售他的股权。

他们决定把2.3万欧元作为一个"神奇数字"，其中预付1.1万美元，其余的1.2万美元在一年内支付。

然后，进展走偏了方向。

华金没有等到布鲁诺先出价，而是迫不及待地全盘托出了他的价格，告诉布鲁诺他觉得这样是"非常公平的"。如果有一种方法可以说服你的对手，那就是告诉他如果不同意，结果就会对他"不公平"。

接下来发生的事证明了这一点。

布鲁诺愤怒地摔了电话。两天之后，华金收到一封电子邮件，有个家伙说他受雇于布鲁诺，将代表他来谈判。他们要价 30 812 欧元：20 000 欧元贷款、4000 欧元工资、6230 欧元股票，以及 582 欧元的利息。

在他们的报价里有整数有零数，看上去这些数字都是无法改变的。可见这个家伙是个老手。

吉泽斯告诉华金，他真的把事情办砸了。但他们也都知道，布鲁诺确实急着要出售股份。因此他们决定使用一系列说"不"的策略，让布鲁诺自己和自己竞价。他们能想到的最坏的情况是，布鲁诺改变了想法不再出售股权，那样还能维持现状。他们愿意冒这个风险。

他们发出了第一个"不"的信息：

你们的报价十分公平，我真的希望自己能接受，那该有多好。布鲁诺工作非常努力，他应该得到合理的回报。非常抱歉，我谨祝你好运。

请注意他们是如何避免提出反竞价方案，也没有直接说出"不"这个字的。

第二天，对方的谈判顾问发来了邮件，他们把价格降到了 28 346 欧元。这让华金大吃一惊。

于是华金和吉泽斯发出了第二个"不"的信息：

感谢你的出价。你非常慷慨地降低了价格，我真的非常感谢。我真的希望自己能付给你这个价钱，但是我现在付不起这个钱。你知道，我现在正在闹离婚，我现在筹不到这么多钱。再次祝你好运。

第二天，华金收到了对方谈判顾问发出的只有一句话的电子邮件，他们把价格降到了 25 000 欧元。华金想接受这个价格，但吉泽斯告诉他还有一些说"不"的步骤要执行。华金一开始反对，但最后还是同意了。

在这里，我们学到了重要的一课：达成协议的艺术，要坚持聚焦到最后。在最终时刻会有决定性的因素，因此你必须对自己的信念做好管控。不要去想最后一班航班什么时候飞走，也不要想早点回家打高尔夫球，不要让自己分心，保持聚焦。

他们又写道：

感谢你再次慷慨地出价。你确实降了价，我也非常努力地按这个目标去筹钱。但遗憾的是，没有人愿意借给我钱，甚至我母亲都不借给我。我尝试了许多方法，但就是无法筹到钱。最终，我能支付你 23 567 欧元，虽然我一开始只能支付 15 321.37 欧元，剩下的将在一年内付清。这真的是我能做的最大努力了。祝你好运。

聪明地使用特定的数字，这真是一种不说"不"字，却让对方感同身受的拒绝方法！

这个方法行之有效。一个小时内，对方的谈判顾问就回信同意了。

我们来仔细回看一下：重复和开放性问题一起使用是如何把布鲁诺的经济困难情况给套出来的，说"不"的策略让他绝望。如果还有另一个买家，这种方法就不适用了，而现在没有其他人，这是一个让布鲁诺自己和自己竞价的聪明策略。

学习要点

超级明星谈判者能呼风唤雨，知道谈判是用文字玩的一场游戏，要想真正达成好的协议，就要善于探测和操纵这微妙的、不显眼的隐藏信号。只有当你把这些隐藏在水面下的东西可视化了，进行了修改，才能打造出一个伟大的协议，并保证其得以实行。

- 当你使用以下工具的时候，请记住本章最重要的理念——没有"如何"，"是"就毫无意义。问"如何"、知道"如何"、定义"如何"是高效谈判者军火库里的所有武器。如果没有它们，他们就失去了武装。

- 用包含"如何"的校准问题来向对方反复提问。用"如何"来提问能让你和对手保持接触，却让对方失去平衡。他们回答问题的时候会有掌控全局的幻觉，还会使他们在提出要求的时候考虑你的困难。

- 使用"如何"提问塑造谈判环境。你可以把"我该如何做"作为说"不"的基本提问，能微妙地推动对方寻找其他解决方法——你的解决方法。在大多数情况下，会导致他们自我竞价。

- 不要只关注直接与你谈判的人，要始终认清"谈判桌之外"参与者的动机。你可以提问这个协议会对其他人造成怎样的影响，或提问其他人怎样参与执行，通过提问来了解情况。

- 遵守"7-38-55"百分比原则，密切关注对方的语调和肢体语言。当语言和非语言因素出现矛盾时，说明对方在撒谎或对协议不满意。

- 对方说的"是"是真是假？用三次原则来检验：使用校准问题、总结和标注，让对方至少三次反复确认协议。因为人很难反复多次撒谎或者肯定虚假信念。

- 看一个人对人称代词的使用反映出他的权力地位。如果你听到对方说许多"我"，那真正的拍板者可能另有其人；如果听到对方说许多"我们""他们"，那很有可能你正在对付的是一个开放理性的决策者。

- 说出你自己的名字，让你在谈判对手眼中变成一个真实的人，这甚至可以为你个人赢得折扣。幽默和人性是打破坚冰、排除路障的最好方法。

第九章
◦●互利原则 极端锚定点●◦

如何得到
你想要的价格

几年前，我喜欢上了一辆红色的丰田 4Runner 汽车。其实这辆车不是简单的"红色"，而是名叫"萨尔萨珍珠红"（Salsa Red Pearl），这是一种暗暗燃烧的红色，在夜色里似乎会发光。这多么吸引人啊，我太想拥有它了，它让我如痴如醉。

我查找了整个华盛顿特区市区范围内的经销商，很快就发现我并不是唯一对这款车痴迷的人：车子几乎被抢购一空，整个地区只有一个经销商手里有货，而其他经销商都没有这种颜色的车，完全没有。

你知道当你饥饿难忍的时候，别人却阻止你去商店买吃的是什么感觉吧？我真的饥饿，非常饥饿。实际上，我是喜欢上了……我坐下来集中了一下自己的精神，思考对策。这是我唯一的机会，我要实现梦想。

在一个阳光灿烂的周五下午，我开车来找这个经销商。我坐在销售员的对面，这位销售员看上去是一个很友善的人，名叫斯坦，我告诉他我觉得这辆车有多么华美。

他给了我一个很平常的微笑，他以为已经控制住了我，然后给这辆"漂亮汽车"出了一个原价：3.6 万美元。

我对他表示理解地点了点头，噘起了嘴。开始砍价时的关键是向对方表示出绅士的态度，你要尽量地显示友善。如果我能做到这一点，最终就很有可能拿到我想要的价格。

"我能出的钱是 3 万美元。"我说，"我可以预付定金，用现金。然后我会签一张支票支付所有的钱。对不起，我恐怕付不起更多的钱了。"

他的笑容闪动了一下，好像失去了焦点一样。但他很快控制住了自己的笑容，摇了摇头。

"我相信你理解我们不会卖到那个价格。原价就是 3.6 万美元，就是这样。"

"那我该怎么办呢？"我客客气气地问。

"我相信，"他说，然后停顿了一下，好像他并不知道自己想说什么，"我相信我们总有办法在财务上解决 3.6 万美元的问题。"

"这辆车很漂亮，真的很迷人，我都说不出有多喜欢它。它值更多的钱，比我能支付的要多。但很抱歉，这真让我尴尬，我真的付不起那些钱。"

他静静地看着我，现在有些迷惑不解了，随后他站了起来，走进了后面的办公室。他离开了很长时间，我像是等待了一辈子一样。我记得当时我对自己说："糟了！我应该出一个更低的价格！他们将会同意降价。"如果在任何时候对方都没有直接回绝你的提议，就意味着你有机会了。

他回来告诉我，像过圣诞节那样，老板同意给我一个新价格：3.4 万美元。

"哇，你的新价格真是太慷慨了，拥有这辆车是我的梦想。"我说，"我真希望自己能以这个价格拿下，我真的希望如此。但令我十分难堪的是，我还是付不起。"

他沉默了，但我并不上钩，我让沉默继续下去。随后，他叹了口气，又走回办公室去了。

"你赢了，"他说，"经理同意以 3.25 万美元卖给你。"

他把一张纸从桌上推给我，连纸上都写着"你赢了"。这几个字周围甚至围绕着一堆笑脸。

"十分感谢你。你太慷慨了，我都不知道该怎么感谢你了。这辆车值你给我出价的两倍。"我说，"抱歉，我真的付不起。"

他又一次站了起来，这次一点笑容都没有了，还是迷惑不解的样子。几秒后，他又离开这里去找经理了。我向后靠在椅子上等他，我已经尝到胜利的滋味了。一分钟后，这次没有等待一辈子的感觉，他回来坐下了。

"我们同意。"他说。

两天后，我开上了萨尔萨珍珠红的丰田 4Runner，价格是 3 万美元。

我太喜欢这辆车了，直到今天还在开。

艰苦议价

大部分的谈判中都会遇到一个看不见的时刻点，之前松懈的、非正式的互动，突然转变成对抗和严肃问题的谈判。你能感知到这个时刻点：你用重复和标注的方法增进了和谐的气氛，用指控审查的方法排除了对方犹豫的想法以及情绪上的障碍，通过确认和总结对方的权益，让对方说出了"你说得对"。然后……

现在就到议价的时候了。

这也就是说，因为价格上意见不一，买卖双方会进行一场不轻松的"舞蹈"，让大部分人都出一身汗。如果你觉得自己和大部分人一样，把这必须经历的时刻看作不可避免的邪恶过程，那你就有很多机会能经常取得收获。

在谈判的各个阶段，没有任何一个阶段比讨价还价更让人焦急和充满发散性的了，这也是为何这个阶段需要更多摸索，也更容易出现错误操作。对大部分人来说，这并不是一个舒服的体验，即使有时我们准备了万全之策，但许多人在谈价格的时候还是垮了下来。

在本章里，我将要解释建立议价过程的技巧，从心理学角度来决定用哪种技巧，以及这些技巧应该如何具体执行。

时至今日，议价并不是尖端科学，也不是简单的直觉或数学。要想成功地进行讨价还价，你需要忘却预想中的砍价过程，要学会发现谈判桌上那些微妙的心理学策略，它们是发挥关键作用的因素。有技巧的议价者会进行更多的观察，而不是贸然出价、竞价或停止前进，他们会观察表面下的心理暗流。

当你学会了识别这些暗流，你就能更精确地"读懂"议价的形势，甚至可以自信地回答世界上最好的谈判专家技术性的问题。

你要做好准备进行"肉搏的议价"，对方从来没有见过这样的打法。

你是什么类型

几年前，我和我的一位员工一起坐船，他的名字叫基诺（Keenon）。我打算对他进行一次工作鼓励和业绩审查的谈话。

"当我思考我们在做什么时，我会把它形容为'发现激流'。"

"发现激流？"基诺说。

"是的，我的想法是这样的：我们，包括我和你以及其他所有在这里的人，都有发现心理力量的能力。这种能力可以把我们拖离海岸，可利用它抵达更有收获的地方。"

"更有收获的地方？"基诺说。

"是的，"我说，"那是一个我们能……"

我们大约谈了 45 分钟，这时我的儿子布兰登闯了进来，哈哈大笑。他负责黑天鹅集团的运营。

"我受不了了！你没发现吗？爸爸，你真的没发现吗？"

我眨眨眼。"我发现什么？"我问他。

"基诺说的所有话都是在重复你的话，他这样做已经大约一个小时了。"

"哦。"我说完脸就红了，基诺开始大笑起来。

他说得完全正确，基诺从头到尾都在跟我耍花招儿，利用心理学中最有效的工具来对付我这个自信的人。这个工具就是重复。

你个人的谈判风格，以及你对手的谈判风格，是在童年、学校、家庭、文化以及其他成千上万个因素的影响下形成的。认识到这一点后，你就可以了解自己在谈判中的优势和劣势（当然也有对手的），并相应地调整思路和策略。

谈判风格是议价环节中的一个关键变量，在很多情况下，如果你不知道何种本能会驱动你或对方采取怎样的行动，你就会在执行有效战略和策略上遇到大量问题。你和对手都有自己的思考和行为习惯，当你认识到它们之后，你就能在战略上加以利用。

就像基诺所做的那样。

对于所有你可能在谈判桌上遇到的人，我们可以写满一个图书馆的研究报告，找到每一个人的人物原型和行动档案。这些研究平摊开来，气势磅礴，内容庞大，以至于无法着手使用。在过去的几年里，以我儿子布兰登为主，我们努力开展了一项工作，要巩固和简化这些研究结果，把研究报告和我们的实践以及商学院学生的案例结合起来审视。结果我们发现，人大体可以分为三个类型：有些人是适应型的；有些人（比如我）是主张型的；剩下的人是喜欢数据的分析师型的。

在好莱坞的谈判电影里，主张型的人需要能高效地议价，但其实每种类型的人都可以变得高效。而真正要达到高效，你必须同时拥有以上三种类型的精髓。

一份关于美国律师谈判者的研究发现，美国两个主要城市里的律师中，有65%是适应型，只有24%的人是真正主张型。如果从效率来划分，超过75%的高效律师团队属于适应型，只有12%是主张型。因此，若你不是主张型，不用失望。大部分时间，冒失的主张实际上是有害的。

请记住，你个人的谈判类型并不是一件紧身衣。没有人纯粹是一个类型的。在一定形势下，我们中的大部分人能调节和表现出自己的非主要类型。但对于成功的议价类型来说，有一个基本事实：要想优秀，你需要在谈判桌上学会变成你自己；要想出类拔萃，你就要加强自己的优势，而不是替换它们。

有一个能让你快速鉴别对手谈判类型的方法，你可以据此寻找最适合你的应对方案。

分析师型

分析师的特点是系统性和工作勤奋。他们并不匆匆忙忙，他们相信只要向着正确的结果努力，使用一种完整系统的方法，时间就不会变成影响结果的因素。他们的自我画像是一个尽量减少错误的形象。他们的座右铭：花足够多的时间做正确的事。

经典的分析师喜欢独自工作，也很少偏离他们的目标。他们极少表现出情绪，经常使用类似深夜电台主持人的声音说话（我们在第三章中谈到过），语速缓慢，带着降调。然而，分析师经常用一种有距离感的和冷冰冰的方式说话，给人以不流畅的感觉。这会在不知不觉中让人情绪低落，不容易让他们的对手放松，也就不容易让对手开诚布公。

分析师为自己在准备过程中不放过任何细节而感到自豪。他们会花上两个星期研究一个在谈判中也许只需要讲15分钟的数据，目的是防止出现任何意外情况，分析师讨厌意外。

他们是冷漠的问题解决者和信息的聚合者，对公平回报这一话题超级敏感。他们会给你一点儿东西，但如果在一定时间里得不到回报，他们会对你丧失信任并不再和你接触。这种情况看起来毫无道理，但请记住，因为他们喜欢单独研究，所以告诉你，他们研究的所有内容从他们自己的视角来看，是一种让步。他们会把对方给出的新信息看成让步的表现，会把信息拿回来评估，不过不要指望他们会立即给你一个反建议。

这一类人会怀疑自然人性，因此和他们谈判时，用提出许多问题的方式开场并不适合。他们在理解清楚所有复杂的情况之前，是不愿意作答的。和他们谈判最重要的是，做好充足准备，用清晰的数据来支持你的论点，不要做即兴演讲；用数字对比来表示反对和引导聚焦事实；提前对可能出现的情况给出警告，防止意外情况出现。

沉默是他们思考的时机，他们不会对你发飙，也不会为你争取多说话的机会。如果你发现他们看问题的方式与你不同，就请给他们一个机会让他们先行思考。

道歉对他们没有价值，因为他们把谈判和与你的关系看成一个整体，而不是分散的个体。在针对你的标注语言时，他们的回答会非常好。对于校准过的问题或答案为"是"的开放性问题，他们不会立即作答，可能需要几天才会回答。

如果你是一个分析师型的人，你会因为自己被排除在核心数据源之外而感到忧虑。你在说话的时候最需要做的一件事就是面带微笑，这样做人们才会给你更多的信息。微笑也能变成一种习惯，在你放松警惕的时候，能轻松掩饰不被对方发现。

适应型

关于这一类谈判者最重要的一点是，要花时间建立关系。适应型的人认为只要有自由的信息流动和交流，花费时间就是值得的；只要他们还在沟通，他们就会感到快乐。他们的目标是与对手谈大条款，他们喜欢双赢的结局。

在这三种类型中，这一类人是最容易不必做什么就能与他人建立和谐关系的。

适应型的人哪怕没有达成协议，也希望与对手保持友谊。他们非常好说话，特别友善，声音亲切。他们会主动让步、默许来缓和气氛，并希望对方也做出相同的回报。

如果你的对手是一个善交际的、追求和平的、乐观的、不专心的、没有时间观念的经理，那么他很可能就是适应型的人。

如果这个类型的人成为你的对手，你就友善地和他们多打交道。倾听他们的想法，利用校准问题表达对执行的特别关切，推动他们找到前进的方向，并沿着这个方向把他们的语言转化为行动。因为他们有着首先行动，而后等待回报的倾向；他们有可能会同意你一些实际上他们无法给出的东西。

他们的准备工作不够充分；他们会更多地关注谈判桌上的人；他们想要了解你；他们对谈判精神有着巨大的热情，这不但能控制他们的情绪，也能使他们得到满足。

与此同时，你可以很容易地对适应型的人表达不同意的意见，因为他们只听你说话就行了，你很难发现他们的真正目的。他们会提前了解可能会存在问题的领域，并会对这些领域避而不谈，他们担心一旦谈了会产生矛盾冲突。

如果你确认自己就是适应型的人，请继续保持这种讨人喜欢的能力，不要在你的目标上做出牺牲。并不只有其他两类人需要倾听你的观点，如果你在和另一位适应型的人打交道时，他也会对你表示欢迎的。也请你对过度聊天保持清醒，其他两类人不会这样做，如果坐在你桌子对面的人也像你一样，那么你们沟通半天之后你会发现他其实什么都没做。

主张型

主张型的人相信时间就是金钱，浪费一分钟就是浪费美元。他们的自我画像跟在特定时间内能完成多少项工作有关。对他们而言，得到完美的解决方案并不比将事情完成来得重要。

主张型的人是喜爱胜利超过一切的急脾气，经常要牺牲别人的利益。他们的同事和对手从来不需要询问他们的立场，因为他们总是直言不讳。他们有一种咄咄逼人的沟通风格，从不会为未来的沟通担心。他们对商业关系的看法是基于尊重的，除此以外没有其他的了。

最重要的是，主张型的人希望被倾听，他们不但希望被倾听，除非他知道你在听他说话，否则他是不会来倾听你的。他们会聚焦于自己的目标，不顾他人。他们更多的是在告诉你事情，而不是询问。

当你和主张型的人打交道时，最好聚焦于他们所说的话，必须等到他们认定你理解他们，只有在这个时候他们才会倾听你的观点。

对一个主张型的人而言，任何沉默都是可以开口说更多话的机会。重复是对付这类人最好的方法，同样还有校准问题、标注和总结这几种方法。要想从主张型的人那里得到"你说得对"这个回应，他们的具体说法也可能会变成"确实如此"或"你说到了点子上"。

说到回报，这种类型的人的思路是"得寸进尺"。他们认为你给予他们什么都是天经地义的，因此会忘记亏欠了别人就要回报这回事。实际上，可以把他们简单地看作寻找机会获得更多回报的人。如果他们做出了某种让步，就会立即读秒计时，直到得到对方的回报为止。

如果你是一个主张型的人，请特别关注你的声调，也许你自己并不想将语气变得严厉刺耳，但经常会不知不觉地变成这样。请有意识地软化你的语调，让它听上去更有亲和力。使用校准过的问题和标注对手的方法，这样做也能让你变得更容易接近，能增加合作的机会。

我们已经看到了，不同类型的人对时间重要性的看法是不同的（时间＝准备；时间＝关系；时间＝金钱）。他们对沉默的解读也是完全不同的。

我绝对是一个主张型的人。在一个会议上，一个适应型的人告诉我他是如何搞砸一个协议的。我会想，你是怎么做的呢？向对手咆哮然后甩手而去？因为这是我搞砸协议的方式。

但是我发现，他当时保持了沉默。因为对一个适应型的人而言，沉默就是愤怒。

对分析师型的人而言，沉默的意思就变成了需要思考。主张型的人在你无话可说或想要对方说话时，会打破你的沉默。我就是这样一个人，所以我知道，只有当我把所有的话都说完之后，我才会安静下来。

有意思的是这些人坐到一起时。当一个分析师型的人停下来思考时，他的适应型对手就开始紧张，而主张型的人就开始说话，于是惹恼了分析师型的人。分析师型的人心想："每次我试着思考，你都会把这当作一个机会，多说自己的观点。你就不能闭嘴吗？"

在继续讲解之前，我想先讨论一下为什么人们经常无法判断出对手的类型。

要想判断某人的类型，最大的障碍是我所说的"我是正常的"思维定式。也就是说，我们假设世界在别人眼中和在我们眼中是一样的。说实话，有谁没有做过这样的假设呢？

虽然这个想法是无辜的、可以理解的，但认为自己是正常的是在谈判中最具有毁灭性的预设之一。有了这种预设，我们会不自觉地把自己的类型强加于人。但世界上有三种不同类型的谈判者，有 66% 的概率你的对手和你不同，他们是与你不同的"正常"。

曾有一位 CEO 告诉我，他参加 10 次谈判 9 次会失败。这位 CEO 经常想把他的观点强加给对方。在现实中，他可能只有十分之一的概率遇到了和他持一样观点的人。如果他能理解对手和自己是不同类型的谈判者，就一定能提高他的谈判成功率。

从准备参加对话的方法上来看，三种类型的谈判者也是不同的。所以，当你在考虑有效议价之前，你必须理解对方的"正常"。你需要认清对方的类型，保持开放的心态面对你们之间的差异。因为当谈判开始后，黄金法则就出错了。

黑天鹅集团的规则：不要用己所不欲的方法去对待对方，而要用适合他们的方式去对待他们。

承受打击

谈判学术研究喜欢把议价看成一个排除情感因素的理性过程。他们会谈论"可能的协议区间"（Zone of Possible Agreement，ZOPA），在这个区间里，买卖双方的心理区间发生重叠。比如，托尼想要出售自己的汽车，价格不低于5000美元，而赛曼想要购买这辆车，但不愿出6000美元以上，那么他们之间的可能协议区间就是5000~6000美元。有些谈判中存在可能的协议区间，而有些谈判则没有。这个理论是纯粹理性的。

这会引发你的思考。

你需要让自己从这个学术观点的迷惑中走出来。在真正的议价过程中，高超的谈判者不会使用协议区间。有经验的谈判者经常用一个离谱的出价做引导，作为一个极端价格的锚定点。如果你没有准备好去应对，就会丧失立场，乖乖给出你的底价。这是人类的天性，就像在比赛中咬掉对方耳朵的拳击手迈克·泰森（Mike Tyson）所言："每个人都有自己的曼妙计划，直到被人一拳打到嘴上为止。"

作为一个不间断地搜集归纳信息、准备充分的谈判者，实际上是想让对方先出价，因为你想打探对方手里有什么牌。你很欢迎对方甩出一个咄咄逼人的锚定点，但锚定点是残酷的，而你是人类，你的情感因素会占上风。如果对方想这样做，他就可以采取不与你竞价、不回应你的愤怒的方法来积聚暴风骤雨。在你了解了这个策略之后，你就要准备好抵御袭击并优雅地回击。

首先，使用让对手开诚布公的方法来躲开对方的出击。成功的谈判者会使用我们之前讨论过的方式说"不"（"我该如何接受这个条件呢"），或使用提问来化解对方的锚定点，比如"我们今天要完成什么目标"。当你觉得自己正在被对方拖入陷阱的时候，这一类的回答会非常有效地让对方再次聚焦。

你还可以对"打在脸上"的锚定用简单的语句来回应。我的意思是说，当你觉得自己被卷入争论的时候，你可以引导对话转向非金钱领域，说明最后的价格是可行的。

你可以直接说，但要注意使用鼓励的语气："让我们先把价格放到一边，讨论一下能成就这笔完美交易的条件。"或者你可以更具有倾向性地问："你还能提供什么，以便让我觉得这个价格对我是有利的？"

如果对方硬要你先说，你就要小心他的伎俩。这时不要直接说一个价格，而要说一个别人可能会提出的令人吃惊的高价。比如有一次一家连锁医院想要我先出价，我说："如果你请哈佛商学院来给你们培训，他们的报价会是每人每天 2500 美元。"

无论发生什么，这里最关键的是，从你的对手那里不断汲取信息，让你的对手率先出价，让你对他有一个很好的感觉。你要学习的是如何承受第一波攻击。

我在乔治敦大学的一位 MBA 学生法鲁克，他曾去找 MBA 系主任募款，想在迪拜举行一个隆重的同学会活动。他在第一次遭受打击后并没有一蹶不振，这是一个令人绝望的情况，因为他需要 600 美元，而系主任这里是他募款的最后一站了。

在见面时，法鲁克告诉系主任，同学们对这次旅行充满兴奋，这场活动将对乔治敦大学 MBA 在当地的品牌有很大的助益。

他话还没说完，系主任就打断了他。

"听上去你们计划的这场旅行好极了，"她说，"但钱还是有些紧张，我最多能批准 300 美元。"

法鲁克没想到系主任会反应这么快，但事情总是不会按预先计划发展的。

"在您有限的预算下，这真是一个慷慨之举，但我不确定这些钱能否成功地为当地校友举行一场招待会。"法鲁克这样说既确认了她的资金限制，也没有用"不"字，却表达了拒绝。然后，他锚定了另一个激进的开价："我的脑海中有一个很高的预算计划，我们希望得到 1000 美元。"

正如预期的那样，这个激进的锚定点很快打破了系主任的资金限制。

"这真的已经超过我的权限范围了，我确定无法给那么多钱。不管怎么样，我给你 500 美元吧。"

法鲁克已经准备见好就收了，短缺 100 美元并不会对活动造成颠覆性的影响，但他记得目标偏低的诅咒，于是决定再往前推一把。

500 美元让他接近了目标，但还没有达到，于是他说："只要 850 美元就够了。"

系主任回答说，她已经给了比自己的意愿更多的钱，而且 500 美元应该足够了。这时如果法鲁克没有做好充分准备就会放弃了，但他已经准备好再挨一拳了。

"我认为您的建议十分有道理，我完全理解您受到的限制，但我需要更多的钱来给学校办一个精彩的亮相。"他说，"775 美元怎么样？"

系主任微笑了，法鲁克知道自己说服她了。

"看来你的头脑里已经有一个具体的目标数字了，"她说，"你直接告诉我这个数字不就行了？"

这时，法鲁克非常乐意告诉她一个数字，因为他感觉得出来她是真诚的。

"我还需要737.5美元来执行这个活动，而您是我募款的最后一站。"

她哈哈大笑起来。

系主任夸奖了他，认为他对自己的目标有明确的认识，同时说她会再核对一下预算。两天后，法鲁克收到一封邮件，通知他说她的办公室将支持750美元。

回击：提出主张但不要习以为常

当谈判离结论太远，或跑题太快，你就需要摇醒对手，让他们从奇怪的思路里跳出来。在这样的时刻，强硬的行动会产生巨大的效果。有时形势要求你做一个进攻者，你就需要给对方当头一棒。

也就是说，如果你本身是个和善的人，让你像拳王泰森那样打人，还是要费一番力气的。你很难成为一个不像你的人，就像丹麦谚语中说的："你只能用你有的面粉来烤面包。"但每个人都能学习一些方法。

下面是几种聪明地提出强硬主张的有效办法。

真正愤怒、不愤怒地进行威胁和战略性生气

欧洲工商管理学院（INSEAD）的马尔万·西纳塞乌尔（Marwan Sinaceur）和斯坦福大学的拉丽莎·迪登斯（Larissa Tiedens）发现，表达愤怒能增加谈判者的优势和最终所得。愤怒能表现出强烈的情绪和坚定的信念，有利于对他人发挥影响，使其接受低价。然而，你的愤怒也会提高对方对危险和恐惧的敏感度，减少对方对其他认知行为所需要的资源，导致对方做出错误的让步，在执行过程中发生问题，最终导致你的成果受损。

同时请注意：研究人员还发现，虚伪地假装生气，提出棘手的需求，会损

害互信。想要让愤怒发挥有效作用，这种愤怒就必须是真实的，关键是也要在控制之中，因为愤怒也会削弱我们的认知能力。

因此，当有人提出非分要求真正惹恼你的时候，请深呼吸，然后允许自己有点儿小怒火，在可控的渠道内发泄出来，对事不对人。你可以说："我看不出你的提议有什么可行的地方。"

这种在时间上恰到好处的发火，叫作"战略性生气"，能促使你的对手警醒并面对问题。哥伦比亚大学学者丹尼尔·埃姆斯（Daniel Ames）和阿比·瓦兹拉维克（Abbie Wazlawek）研究发现，处于战略性生气承受方的人更容易认为是自己提出了过分的主张，即便实际上对手并不那样认为。这带给人们的启示是：要小心战略性生气可能会对你产生的作用，不要让自己沦为战略性生气的受害者。

威胁不是通过愤怒来表达的，而要靠"镇静的姿态"，也就是自信和自我控制。这是强大的工具，镇静地说"对不起，这个方案对我而言行不通"就能起作用。

用"为什么"提问

回到第七章，我谈到过用"为什么"提问。在我们的星球甚至全宇宙中，"为什么"的提问都会让人产生防御心理。

我们可以做一个实验，下次你老板想要你做什么事的时候，你可以问他"为什么"，看看会发生什么。你可以在同一个级别的同事身上再试验一次，也可以在和下属、朋友的交谈中试验，观察他们的反应，告诉我是否会发现对方有某种程度上的防御。当然不要试验太多次，否则你会丢掉工作、失去朋友。

我在谈判中唯一会说"你为什么要这么做"的时候，是我想要把他人击倒。但这还是一种效果不确定的技巧，我并不推荐使用。

然而，也有另一种方式能有效地使用"为什么"提问。思路是，用这个提问激发对方的防御心理，让对方守护你的立场。

我知道这听起来有点离奇，但确实有效。基本的模式是这样的：当你想拉拢半信半疑的对手，你就问他："你为什么要这样做？"从另一种方式看，这样的内容是对你有利的。现在让我来解释一下，如果你要把客户从竞争对手那里吸引过来，你可能会说："为什么你之前和我做生意？为什么你离开过现在的这个供应商？他们做得很好啊！"

通过提问"为什么"就能引诱对方为你工作。

"我"的信息

使用第一人称代词"我"，是另一个在避免冲突的情况下划清范围的有效方法。

当你说"我很抱歉，这个对我来说行不通"时，"我"这个字能战略性地让对手在你身上集中注意力，有利于让你表达观点。

传统的"我"表达的信息是通过使用"我"来按动暂停键，暂时脱离坏的气氛。当你想要抵御对手的消极言论时，你可以说："我觉得……当你……因为……"这样说是在要求对方暂停。

但是在使用"我"的时候，请注意不要用咄咄逼人的语气，否则会导致争吵。使用时的语气应该是镇静、平稳的。

不要过于渴求，要有准备离开的意识

我们之前说过，没有协议好过一个坏的协议。如果你觉得不能说"不"，那你就是被自我绑架了。

一旦你了解清楚自己的底线在哪里，你就会不惧离开，不会对达成协议过度渴求。

在继续往下讲之前，我想先强调一下，当你划定界限时，双方保持合作关系有多么重要。你的反应必须永远用一种强硬的、有界限的方式来表达，也就是"强硬的友爱"，这区别于仇恨和暴力。愤怒和其他强烈的情绪很少能发挥作用，能发挥作用的只有精心计算过的可控愤怒反应，绝对不是进行人身攻击。在任何"不戴拳击手套"的激烈议价阶段，你要牢记最关键原则：永远不要把对手看作敌人。

谈判桌对面的人从来都不是问题，尚未解决的问题才是。因此，要把人和事分离开来，专注于尚未解决的问题，这是一种防止情绪升级到失控的最基本的技巧。我们的文化会在电影和政治中把人妖魔化，这样做导致的逻辑：如果我们把这个人换掉，一切问题就都解决了。但这种想法在谈判中是有害的。

回击是最后的办法。在你走到这一步之前，我总是建议你努力缓和形势，可以建议谈判暂停一下。当你的对手后退一步进行深呼吸时，他们就不再觉得自己被糟糕的形势绑架了，他们会重获力量，并对你心存感激。

你可以把回击和界限设定战术看成一条放平了的S曲线，你在谈判的斜线上急速上升，而后抵达一个平台，这时要求你暂时停止前进，把障碍问题升级或化解，最终把双方关系带回和谐氛围之中，再继续在斜坡上前进。面对冲突时，带着理解的心态，采取积极的、建设性的行动，是找到最终解决方案的基础。要记住，无论何时都不要给自己制造敌人。

阿克曼（Ackerman）议价法

我花了很长时间来讨论心理学上的柔道术，它让我在交易中得到收获。这些柔道术包括：校准问题、重复，以及让对手脱离自己的轨道并进行自我竞价的方法等。

但是谈判最终会走向划分比萨饼的阶段：要决定谁能拿走哪一块。很多时候，你不得不进入肉搏议价阶段，开始激烈地争吵。

我在人质绑架案件中经常面对肉搏式的讨价还价，我和许多坚持自己要求的绑匪争吵，对他们的套路早已经习以为常了。"给钱，否则就杀了他。"——他们都这样说，而且他们是认真的。你需要使用各种技巧紧锣密鼓地通过谈判击倒他们，你必须有方法。

在FBI谈判培训期间，我学到了砍价的系统技巧，至今仍在使用，我对它信任有加。

我把这个系统叫作"阿克曼模式"（Ackerman Model），因为它的发明者名叫迈克·阿克曼（Mike Ackerman），是一位前中央情报局工作人员，在迈阿密开了一家处理绑架赎金问题的咨询公司。在处理很多绑架案的过程中，我们经常与阿克曼公司的人并肩作战，但从来不包括阿克曼本人，因为他只负责设计砍价方案。

我从FBI退休之后，终于在一次去迈阿密的途中遇到了阿克曼。我告诉他我在商业谈判中也使用了他的砍价系统，他哈哈大笑起来，告诉我他让哈佛大学的传奇谈判专家霍华德·雷法（Howard Raiffa）使用了该系统，霍华德说这个系统在任何情况下都能发挥作用。因此，我觉得选对了。

阿克曼系统是一种"出价—反出价"的方式，至少在表面上看是如此。但它还有一种更有效的系统来对付没有悬念的议价情况，在这种情况下，谈到一半，结果就已注定。

这个系统化的砍价方法只有六步，很容易记住：

第一，设定你的目标价（你的目标）。

第二，你的第一次出价是目标价的65%。

第三，计算好三个可能增加到的价格，分别是目标价的85%、95%和100%。

第四，在你提价之前，利用共情的原理和各种方法说"不"，抵抗对方。

第五，在计算最终数字的时候，使用精确的非整数，比如37 893美元，而不是38 000美元。这样的数字有信服力，有分量。

第六，在最后的数字上，抛出一个非金钱的条件（可能并不是对方想要的），显示你已经到达底线了。

这个系统的精髓与我们讨论的心理学技巧一脉相承，包括平等回馈、极端锚定点和规避损失等。执行这个系统的时候，要按部就班，不用去思考这些心理学技巧。

如果你还能忍受我一会儿，我愿意再进一步说明，让你明白我所说的含意是什么。

首先，最先给出的65%的目标价能锚定一个高价，这是狠狠一击，有可能让你的对手直接降到他的底价。除非对手是最有经验的谈判专家，否则高价锚定的方法会引发他们的对抗反应，影响他们的认知能力，从而推动他们匆忙地做出反应。

现在来看一下把价格提高到85%、95%和100%目标价的情况。你需要非常保守地涨价，在对方提出另一个出价后，以及在你提出数个校准问题、引诱对方自我竞价后，你才可以考虑提高价格。

当你提出这些报价时，它们会从不同层次上发挥作用。首先，它们根据互利原则推进，促使你的对手让步。就像人们会向发来圣诞贺卡的人回赠贺卡一样，人们也会更愿意在议价过程中，向做出有利于己方承诺的人让步。

其次，每次加价的幅度是递减的，请注意每次加价的百分比是前一次的一半。让你的对手相信自己正一步步地压榨你，从而靠近终点。当他们得到最后一次加价的结果后，会觉得他们已经得到最后的成果了。

这其实只是他们自以为得到的。研究者发现，得到对方让步的人对整个谈判过程的感觉总会比只坚持一个"公平"出价的人要好。实际上，即便最后他们付的钱更多或得到更少，他们的感觉也会更好。

最后，特定的非整数起到了重复的效果。

让我们回到之前的海地绑架案，我勇敢地使用了阿克曼系统。在过去18个月里，我每周处理2~3起绑架案，得到的经验是，我知道了每个受害者的赎金价格是1.5万~7.5万美元。因为我是一个强硬的人，所以我的目标是每个我处理的绑架案的赎金最终都要谈到5000美元以下。

有一件事令我印象深刻，这件事我在这本书里第一次提到。有一次我使用阿克曼系统与绑匪谈判，用了一个高要价的锚定点就把他们打离轨道；又用校准问题敲打他们；再放慢步伐给他们一些让步；最终我给出了一个特定的数字，达成了协议。我永远也忘不了第二天迈阿密FBI办公室给我同事打来电话说："克里斯和那个家伙谈到了4751美元？精确到1美元有意义吗？"

他们哈哈大笑，他们说到了其中一个关键点。1美元确实很荒谬，但对人性来说能起到作用。请注意，你不会买一件标价2美元的东西，但会买很多标价1.99美元的东西。0.01美元会改变什么吗？不会，但它每次都会在结果上产生区别。即便我们知道这是一个陷阱，但我们也会更喜欢1.99美元而非2美元。

接到房租涨价通知时谈判降价

我有一位在乔治敦大学的MBA学生，名叫米沙里，他签了一份租房合同，每月房租1850美元。8个月后，他收到一个坏消息：房东通知他，如果他希望继续租房，那么未来租10个月的租金将是每个月2100美元，连续租一年则房租为每个月2000美元。

米沙里喜欢这个房子，也觉得自己找不到更好的了。但租金实在是太高了，他付不起这么多钱了。

他牢记我们课堂上的口号——"尽全力做万全的准备"，于是他一头扎进了房产市场进行调查对比。他发现有可比性的公寓的月租金都在1800美元至1950美元，但没有一个比现在这所房子好。随后，他评估了一下自己的经济状况，计算出了他想要支付的目标价是每月1830美元。

他要求和房东坐下来谈判。

这是个艰巨的任务。

见面后，米沙里说明了自己的处境，他说在这所房子里生活得很好。他指出自己总是按时付租金，如果离开，他会感到很遗憾，房东也会失去一个很好的房客。房东点点头表示同意。

"我们的意见完全一致，"他说，"这就是为什么我们都认为应该续租下去。"

这时，米沙里拿出了他的调查结果：附近房子的租金要价都比这所房子"低得多"。他说："虽然你的房子的整体情况、地段和服务更好，但我如何能为此多付200美元呢？"

谈判还在继续。

房东沉默了几分钟，然后说："你说得有道理，但我给的是一个好价格。你应该也注意到了，我还有优惠条件。"

米沙里随后给出了一个极端锚定点。

"我完全理解，你的房子有更好的位置，令人愉悦。但是对不起，我做不到。"他说，"如果每个月1730美元，连租一年，你看怎么样？"

房东笑了，而后说根本无法接受这个价格，因为这比市场价都低了。

米沙里没有立即开始讨价还价，而是聪明地开始使用校准问题。

"好吧，那请帮助我理解一下，你的租金是根据什么进行调整的？"

房东并没有说什么令人震惊的话，只是说他利用了地区价格和供求关系做的调整。但这为米沙里创造了机会，他表示如果自己不再续租，房东将会面临房屋空置的风险，以及换人之后重新粉刷的问题。他说，一个月的闲置就会给房东带来2000美元的损失。

随后，米沙里提出另一个建议。这时你可能会摇头，因为他给出了两个报价，但还没有得到一个回报。你说得没错，大部分情况下不能这样做，但你要随机应变。如果你觉得自己掌控着整个谈判进程，那你就可以一次迈出两到三步。不要让规则妨碍进程的流畅。

"让我努力一把和你相向而行——每个月1790美元，租12个月，怎么样？"

房东停顿了一下。

"先生，我明白你的担忧，你说得也有道理。"他说，"但你给的价格还是太低了，让我想一想回头再见面说。你觉得怎么样？"

请记住，只要没有直接拒绝，就意味着你还有机会。

5天后，他们俩又见面了。

"我思考了一下价格，相信我们之间能有个好交易。"房东说，"我可以给你1950美元一个月，出租一年。"

米沙里知道只要他再推一把，自己就要赢了。因此他赞扬了房东，在没有用"不"字的情况下表达了拒绝。请注意他是如何聪明地使用错误标注的方法来击溃对方的防线的。

"你真慷慨，但我怎样才能接受这个价格呢？实际上，我可以搬到几个街区之外的房子去，那里的租金只要1800美元。150美元的差价对我而言是一笔不小的数目，你知道我只是一个学生。我不知道你是不是更愿意冒风险让这个房子空置着。"

"并不是那样的，"房东回答说，"但我不能给你一个低于市场价的价格。"

米沙里戏剧性地沉默了一会儿，就好像房东要把他身上每个子儿都榨干一样。

"我最初的心理价格从 1730 美元涨到了 1790 美元。"他叹了口气说,"我会同意提高到 1810 美元,我想这个价格对我们俩都是可行的。"

房东摇了摇头。

"这还是比市场价低啊,先生,我不能这么做。"

米沙里这时准备好了给房东阿克曼砍价系统里的最后一个出价。他沉默了一会儿,然后请房东给他一张纸和一支笔,他装作在做一些计算,好像非常勉强自己一样。

最后他抬起头,对房东说:"我计算了一下,我最多能付 1829 美元。"

房东的头来回摆动,就像要让自己的头脑跟上这个出价似的。终于,他开口了。

"哇,1829 美元。"他说,"你似乎非常精确,你一定是一个会计(米沙里并不是)。听着,我看中你想要和我续签,为了这个原因我想我能接受这个价格,出租 12 个月。"

太棒了!请注意这种涨幅呈阶梯状下降的阿克曼议价方法是多么明智——它避免用整数,深入研究,巧妙地标注,不用"不"的否定。当房东想要提高月租金的情况下,你却得到了租金的折扣。

学习要点

当你的谈判遭到推来推去的情况时(这种事情会发生的),你就要准备面对一个"不戴拳击手套"的肉搏型谈判对手了;当你用尽所有微妙的心理战术后(包括标注、重复和校准问题),你就不得不直面正题了。

对于大部分人来说,这并不有趣。

但顶尖谈判专家明白,冲突经常会出现在通向伟大协议的道路上。最好的办法是开心地面对它、处理它。冲突能呈现真相、创造力和解决方法。因此,如果下次你面对一个肉搏型的谈判者时，请记住本章学到的知识。

· 认清对手的谈判类型。一旦你知道了他们是适应型、主张型，还是分析师型，就能知道对付他们的正确方式。

· 准备、准备，再准备。当压力到来时，不要急着跳起来，你能跳起的高度取决于你的准备程度。因此，请设计一个有雄心壮志但符合常理的目标，然后使用标注、校准问题等方法。采取这种方式坐到议价桌前时，你就不会错失机会了。

· 准备好接受一拳。老练的谈判者经常会给你设置一个极端的锚定点，把你打倒。如果你没有做好准备，你会逃跑，会毫不抵抗地给他你最大的让步。因此，请准备好躲避的策略，不要陷入妥协的陷阱。

· 设立界限，学会接受一拳并回击，但不要发怒。谈判桌对面的那个人并不是问题本身，问题在于事情本身。

· 准备好一个阿克曼砍价系统计划。在你一头扎进议价的丛林里之前，你需要计划好一个极端的锚定点，准备好校准问题，以及一个完美制定的建议。请记住：65%、85%、95%和100%。递减的涨幅和最终的非整数出价，会让你的对手以为自己已经把你榨干了，而你却真正得到了你想要的价格。

第十章
◐ 找到"黑天鹅" ◐

如何通过发现未知的
未知信息取得突破

1981年6月17日上午11点半，这是一个气温很高的春日，微风从西边阵阵吹来。37岁的威廉·格里芬住在他父母位于纽约州罗切斯特市的家中。他的卧室在二楼，他正沿着舒适的楼梯走下楼，楼下是整理得井井有条的起居室。

他走到楼梯最下面时，停了下来，然后一言不发地举起了枪。三声枪响后，他的母亲和一名正在挂墙纸的工人不幸丧命，他的继父也受了重伤，枪声在密闭的屋子里回荡。

格里芬离开了房子，闯进了信托安全公司（Security Trust Company）的大楼里，这是他家附近的一家银行。他沿途枪击了一名工人和两名路人，闯进银行之后，他立即把9名银行雇员扣为人质，并命令客户离开，人们吓得四散奔逃。

接下来的三个半小时里，格里芬与警察及FBI探员进行了暴力对抗，他向第一批接到银行报警赶来的两名警察射击，向6名正好经过银行的路人开枪。格里芬疯狂开火，开了有100多枪，警察为了抢救一名受伤的警员，不得不开来一辆垃圾卡车做掩护。

下午2点半，他把9名银行雇员赶到了一间小办公室里，命令经理给警察打电话。

在银行外面，罗切斯特市的警官吉姆·奥布莱恩接到了电话，FBI探员克林特·范·赞特这时正站在他身边。

"他说，请你们在下午3点的时候到银行门口来，他要在停车场和你们枪战。"女经理抽泣着说，"否则他就要开始杀害人质了，他说会把尸体扔出来。"

然后，电话被挂断了。

在此之前，美国历史上还没有哪个绑匪敢真的在时限到来时杀害人质。时限只是一个脑中始终存在的概念，坏人真正想要的是金钱、尊重和逃跑用的直升机。每个人都知道这个道理，这是一个永久不变的已知事实，这就是现实。

但这一永久不变的事实，却要发生改变了。

接下来发生的事情显示了"黑天鹅"的威力，那些隐藏的、预料不到的信息碎片（那些未知的未知情况，unknown unknowns）出现之后，对谈判效果造成了颠覆性的影响。

谈判要想取得突破，要想让谈判方向变得不可逆转地对你有利，都需要谈判者及时发现并利用黑天鹅。

现在，我来告诉你怎样做。

在可预见的不可预知中找到抓手

下午3点整，格里芬走向了一名人质——一名叫玛格丽特·穆尔的29岁银行雇员，让她走到银行的玻璃门前。吓呆了的穆尔按要求做了，同时哭喊着说自己是一个有着年幼儿子的单亲妈妈。

格里芬似乎没有听到她的哭喊，或者说他根本就不在意。当哭泣的穆尔被逼到前厅之后，格里芬用他的12号霰弹枪向她连开了两枪，两枪都击中了穆尔的上半身，巨大的冲击力让她撞破了玻璃门，碎玻璃几乎把她的身体切成了两半。

在银行外面的执法人员惊呆了，一片沉寂。很明显，格里芬要的不是金钱，也不是尊重，他也不打算逃跑。可想而知他的结局，只能是被装在运尸袋里抬出来了。

这时，格里芬走到了一扇长长的全落地玻璃门前，并将自己的身子贴在玻璃门上。他完全暴露在了对面教堂上埋伏的狙击手的视野里，格里芬完全明白那里有狙击手，因为当天的早些时候他还向狙击手开过枪。

格里芬的轮廓出现在狙击手视野里不到一秒钟，狙击手就扣动了扳机。

格里芬跌倒在地，当场毙命。

黑天鹅理论告诉我们，我们之前以为不可能的事情，或完全想象不到的事情，都有可能发生。这并不是指那些只有百万分之一可能发生的事情，而是指之前完全没有想到，但最终发生了的事情。

风险分析师纳西姆·尼古拉斯·塔勒布（Nassim Nicholas Taleb）在他2001年的畅销书《随机漫步的傻瓜》(*Fooled by Randomness*)和2007年的畅销书《黑天鹅》(*Black Swan*)中普及了黑天鹅的概念，并风靡一时，但这个词可以追溯到更早之前。在17世纪之前，人们只能想象出白天鹅的样子，因为所有的天鹅都身着洁白的羽毛。在17世纪的伦敦，人们经常把不可能的事物称作"黑天鹅"。

在1697年，荷兰探险家威廉·德·弗拉明格（Willem de Vlamingh）在澳大利亚西部发现了一只黑色的天鹅。突然间，无法想象的和想象不到的事情变成了现实。人们总会预计自己见到的下一只天鹅一定是白色的，但黑天鹅的发现打破了人们的普遍想法。

当然，黑天鹅只是一个比喻。请想一想珍珠港事件、互联网的崛起、"9·11"事件以及金融危机，都是如此。

以上事件没有一个曾被我们预料到，回头反思其实都有一些预兆，只是人们并没有注意到。

塔勒布用黑天鹅这个词象征基于以往经验的预测是无用的。黑天鹅是一些事件或只是一堆信息碎片，它们存在于我们的常规预料之外，因此无法预知。

在谈判中这是一个重要的理念，在每一个谈判过程中，都有各种各样的信息。有些是我们知道的，比如对手的姓名、他们的出价，以及从其他谈判中获取的经验，这些都是已知的事实。还有一些我们明知它们存在，但并不知道它们的具体情况，比如对方可能生病离开或抛下我们和别人谈判，这些是已知的未发生事实，就像扑克里的万能牌。你知道这些情况是存在的，但不知道什么时候、会发生在谁身上。最重要的是，还有一些我们并不知道的情况，而这些情况我们从来就没有想过，一旦出现就会改变谈判进程。比如说，可能我们的对手就想让谈判失败，以便甩掉我们去另找他人。

这些未知的未知情况，就是"黑天鹅"。

警官范·赞特以及 FBI 所有人，都根据他们已知的事实及之前的预测固执地开展自己的行动，而没有注意到预测情况外的线索和联系，他们没有看到眼前的黑天鹅。

我并不是在指责范·赞特，他在事件面前做到了执法部门应有的高度重视。后来，他在匡提科的培训课程上向我和满满一教室的 FBI 探员讲了这个故事，这是一种"利用警察来自杀"的现象，也是个人故意制造危机来激发执法部门对他发动致命攻击。但这次事件也给了我们一个更大的教训：无论过去还是现在，认识到未能预料的情况有多么重要，这样才能避免人质穆尔被杀这类惨剧重演。

在 1981 年 6 月的一天，卡恩斯给银行打过好几个电话，每次都被银行雇员快速接起就立刻挂掉。这时他就应该知道情况已经超出了已知的范围。绑架者按常理总是会说话的，因为他们总是有自己的要求，希望被倾听、尊重，希望收到赎金。

但绑架者并没有这样做。

然后，在僵持期间，有一名警察走进了指挥部，告诉大家在几个街区之外发生了两人被枪杀、一人重伤的事件。

"我们需要知道这个吗？"范·赞特问，"这之间有联系吗？"

没有人知道，也没有人及时发现这两起事件之间的联系。如果他们发现了，他们可能会找到第二只黑天鹅：格里芬已经杀害了很多人，而他并没有提出任何金钱上的要求。

然后又过了几个小时，绑匪让一名人质在电话里对警察念了一张纸条。奇怪的是，其中并没有任何要求，只是对格里芬的人生肆意地漫骂，描述他所犯下的错误。这张纸条的内容太多，也没有重点，前言不搭后语。正因为这个，很重要的一句话——另一只黑天鹅被忽略了：

"……当警察夺去我的生命之后……"

因为黑天鹅并没有被发现，范·赞特和他的同事从头至尾都没有看清真实情况——格里芬想死，他想要警察帮他结束生命。

从来没有见过这样的事，给自己被警察打死设一个期限？FBI从来没见过这样的案子，所以，他们想搜集信息弄清楚过去究竟发生了什么。根据老式的逻辑，他们想要弄清楚绑匪到底想要得到什么。警察们被他惊吓了一阵子之后，期待着格里芬会拿起电话开始对话，他们以为没有人会在期限到来时被杀。

他们真的就是这样想的。

发现未知的未知情况

1981年6月17日下午3点，在纽约州罗切斯特市发生的上述事件给了我们一个教训：当一个案子中的各种碎片信息不能汇聚成常理时，原因在于我们的思考框架造成了限制。除非我们突破固有的预期，否则永远也不能汇聚信息、得出真相。

每一个案子都是全新的，我们必须让已知信息（已知的已知事实）来引导我们，但不要因此蒙蔽我们发现未知的东西；我们必须保持灵活性来适应各种情况；我们必须始终保持初出茅庐的思维；我们必须防止高估自己的经验，在面对任何复杂情况时也不能低估时时刻刻都会出现的信息和情感。

这些并不是这场悲剧给我们带来的唯一教训。如果过度地依赖已知事实，将把谈判者禁锢在假设之中，从而阻碍他全面地观察和倾听现状。如果能接受未知的未知，那么同一个谈判者就有可能看到和听到让谈判取得突破的重要信息。

自从听说了1981年6月17日的这个案子之后，我就意识到自己应该完全改变已有的谈判方法。我开始假设在每一个谈判中，每一方都至少拥有3只黑天鹅、3条信息需要被对方发现，这些信息将改变所有进程。

自此以后，我的经历证明了这是正确的。

现在我需要指出的是，这对谈判而言并不仅是一个技巧上的微小改变。因此，我用黑天鹅来命名自己的公司也不是巧合，我还把黑天鹅作为我的谈判术的形象代表。

寻找黑天鹅、根据发现的黑天鹅采取行动，要求转换你的思维方式，把谈判从单一维度的对抗游戏变成一个三维游戏，包含了更多的情感、适应性、直觉和真正的效果。

寻找黑天鹅当然不是件容易的事，我们都有某种程度的眼盲，在转过墙角之前，我们不知道转过去会看到什么。从严格定义上来说，我们不知道未知是什么。

这就是我为何说寻找和理解黑天鹅需要逻辑思维的改变，你必须打破已有的前进路径，更多地拥抱直觉，用敏锐的方式去倾听。

这对所有人而言都十分重要，包括谈判者、投资者和市场人员。你所未知的东西会杀了你，或毁了你的交易。但想找到它却出乎意料地困难。最基本的挑战是，人们不知道用什么问题向顾客、用户和对方提问。除非正确地进行询问，否则大部分人是无法说出你想要的信息的。世界并没有告诉史蒂夫·乔布斯（Steve Jobs）人们需要一个iPad，他发现了我们的需求——黑天鹅，而我们并不知道这个信息已经在那里了。

我们面临的问题是，常规的提问和研究技巧是用来确认已知事实、消除不确定性的，它们并不能挖掘出未知信息。

谈判经常会因为有限的预测陷入困顿。你的对手可能会对你说"这是一片美丽的土地"，而不会提到这是一片"有毒废弃物"处理过的土地。对手会说："邻居们会很吵闹吗？好吧，每个人都会制造一点儿噪声，是吧？"而事实却是有一支重金属乐队每天晚上都在附近练习。

人最好能发现、适应并探索那些会占据主导地位的未知因素。

要想发现这些未知因素，我们必须仔细观察我们的世界，必须提出要求，并认真聆听对方的回答。你需要问许多问题，观察语言线索，并经常向对手说出你观察到的情况以求得证实。

这并不是一种你现在才开始学习的技能，只是把它更直觉化了。你必须探知烟幕弹背后的真相，你必须注意到细微的停顿意味着对方心存不满或在说谎。不要去证实你已经有预期的东西，如果你这样做，就会发现事实就是你所预期的。相反，你必须以开放的态度来面对现实。

这就是我的公司为何在准备和参与谈判时改变了方式。无论在沟通前我们团队已经做了多少准备工作，我们总会问自己："他们为什么要按现在的方式和我们交流？"请记住，谈判更像是在一根绷紧的绳子上走路，而不是要打败敌人。过于关注最终结果只会让你对下一步行动分心，这会让你从绳子上掉下来。你只需要全神贯注于下一步，因为当走完所有的步骤，绳子就会引领你抵达最终的目的地。

大部分人以为黑天鹅是独有的或高度保密的信息，而实际上这些信息可能在不经意间就会被发现。显然黑天鹅对任何一方都具有重要意义，你的对手也总有一些连他们自己都不了解的珍贵信息。

三种类型的杠杆

我们现在谈一谈发现黑天鹅的特殊技巧。但首先我要告诉你的是，为什么这些技巧是有效的、管用的。

答案就是杠杆。黑天鹅是倍增杠杆的利器，它们能让你抢占先机。

"杠杆"是一个奇妙的词，也是一个现在被谈判专家随口提到，却很少亲身使用的词。现在我就来告诉你该怎样使用。

从理论上来说，杠杆是一种造成损失、保留收获的能力。你的对手想要获取什么，又怕失去什么？我们被告知，找出这些信息你就能在对方的想法、行动和决定之上建立杠杆。在实际操作中，我们的不理性想法就是我们的真实情况，损失和收获都是一滑而过的概念，它与真实存在的、用来对付你的杠杆并没有关系。真正有关的是他们认为你手里握有的是可以对付他们的杠杆，这就是为何我说杠杆总是存在的：作为一种基本的情感理念，无论现在是否存在，都可以被制造出来。

如果他们和你对话，你就有了杠杆。谁在绑架案中拥有杠杆？绑匪还是受害人家属？大部分人会认为绑匪拥有所有杠杆。当然，绑匪抓走了你心爱的人，但你也有他们垂涎欲滴的东西。哪一种更有力量？更进一步说，绑匪想要出售的商品，会有多少买家？如果只有一个买家，生意会成功吗？

杠杆需要很多投入，包括时间、必要性和竞争。如果你需要立即卖掉你的房子，和没有期限的出售相比，你的杠杆就变少了；如果你想要卖掉房子，却不是必须卖，你就拥有了更多的杠杆；如果许多人在竞价购买你的房子，那么你就走大运了。

我需要指出的是，杠杆并不等同于力量。

你可以把杠杆理解为各方之间的液体流动。作为一名谈判者，你应该始终注意哪一方最担心谈判破裂给他们带来损失。觉得自己会损失更多的一方是最害怕发生损失的，他们的杠杆也最少，反之亦然。要想得到杠杆，你必须让对方相信如果交易失败，他们会有实质性的损失。

在分类学层面有三种类型的杠杆：正面的、负面的和标准的。

正面杠杆

正面杠杆相当简单，就是你作为一个谈判者能为对方提供或拥有对方想要的东西的能力。只要对方说出了"我想要……"，比如"我想要买你的车"，你就拥有了正面杠杆。

当他们这样说的时候，你就拥有了力量：你能让他们的渴望变成真的；你能控制并影响他们的痛苦；你能利用他们的渴望与另一方达成一个更好的协议。

以下是一个例子。

你把商品投入市场3个月之后，终于有一个潜在的买家找到你说："是的，我想买一些。"你很激动，但几天之后，你的高兴变成了失望，因为他给出的报价太低了，简直是对你的侮辱。但他是唯一找上门给你报价的客户，你该怎么办？

现在，你希望能有其他买家和合同，甚至是随意一点儿的都行，这样你就能用这些报价来制造一个竞争的氛围，从而开始一场竞价大战，至少你能迫使他们进行选择。

即使你没有其他报价，或者有意向的买家是你的第一选择，在对方说出自己的期望之前，你也拥有更强的力量，你能控制他们想要的期望。这就是为何有经验的谈判者会拖延提出报价的时间，因为他们不想放弃杠杆。

正面的杠杆在谈判中提高了你的心理优势，你的处境会从求着买方的情况变成双方各有所需。

当你有了正面杠杆之后，你就可以去确定对方还需要其他什么东西。可能他需要多花一点儿时间买下你的工厂。如果他能提高买价，就请推动他这样做。可能他的报价已经是他所有的钱了，那么帮助他得到他想要的（你的生意），告诉他你最少能以他报价的 75% 卖给他。

负面杠杆

大多数人在听到"杠杆"这个词的时候，想到的都会是负面杠杆。这是谈判者让对方感受痛苦的能力，是基于威胁的。如果你能对谈判对手说："如果你不履行承诺 / 不付钱，我就会毁了你的名誉。"这时你就拥有了负面杠杆。

这一类型的杠杆能抓住人们的注意力，因为它拥有我们之前讨论过的一种概念——损失避免。正如高效的谈判者都知道、心理学家反复证明的那样，潜在的失去对人类思维的影响要大于等同的收获。为了得到一个好的交易结果，我们可能会冒险赌一把，但避免名誉受损产生的动力会更大。

因此，你在负面杠杆上需要寻找什么样的黑天鹅呢？高效的谈判者会寻找不经意间透露出的信息碎片，这些信息对对方而言十分重要：他们的听众是谁？对他们而言，什么才意味着地位和名誉？要想找到这些信息，一种方法是跳出谈判桌向熟知对手的第三方打听，另一种有效的方法则是在与对手沟通交流过程中自己去悉心收集。

我想给你一句警示：我不相信直接威胁能起什么作用，哪怕是含沙射影的威胁，使用起来也要非常慎重。威胁就像颗原子弹，它会有有害的残留物，一时难以清除干净。你必须小心翼翼地处理潜在的负面后果，否则你自己也会受到损失、毒化，甚至毁掉整个谈判的进程。

如果你把负面杠杆架到了对手的脖子上，对手就会认为你剥夺了他们的自主权。人们往往宁可早点死去，也不愿被剥夺自主权。因此，他们至少会非理性地进行反击，甚至终止谈判。

一个更巧妙的技巧是标注你的负面杠杆，这样能把它明示出来，又避免了直接攻击对手。比如可以说"似乎你非常珍视这个结果，你在上面花了大量时间"或者"似乎你并不关心你把我置于什么地位"，这样就可以真正地打开谈判的进程。

标准杠杆

每个人都有一套设定好的准则和正常框架。

标准杠杆是利用别人的正常表现和标准来达到于己有利的效果。如果你能指出他们的理念和行动中的不一致，你就掌握了标准杠杆。没有人希望自己看上去是那么虚伪。

举个例子，如果你的对手无意中透露，他们在收购公司时一般都会先付一笔现金，那么你就可以在设计报价时考虑这一点。

发现便于你进行标准估价的黑天鹅，就像向对手提问他们的信念和开放倾听一样容易。你要看他们使用的是什么语言，然后用同样的语言和他们对话就可以了。

了解他们的信仰

2003年3月，我主导了一场和一位农民的谈判，他差一点儿成了"9·11"事件之后你能想象的最危险的恐怖分子。

这场大戏是这样开始的：一位北卡罗来纳州的烟叶种植农民德怀特·沃森把自己的吉普车拖在迪尔牌拖拉机后面，拖拉机上装饰着各种标语和倒挂的美国国旗。他一路开向华盛顿特区，去抗议他认为让烟农失业的政府政策。

沃森抵达首都后，把拖拉机开进了华盛顿纪念碑和越战纪念碑之间的水池里，并威胁说车里装满了"有机磷酸化肥"炸弹。

警察立即封锁了林肯纪念堂和华盛顿纪念碑周围的 8 个街区，整个首都都被堵死了。因为刚刚经历过环城公路狙击案，伊拉克战争也刚刚开始，沃森的行动让首都的居民陷入了恐慌之中。

沃森用手机给《华盛顿邮报》打电话说，他现在要进行一次孤注一掷的抗争，向世人表明减少补贴是怎样把烟农害死的。他告诉《华盛顿邮报》，上帝指引着他进行抗争，他绝不会屈服。

"如果美国必须这样走下去，就会跌入地狱。"他说，"我不会投降，他们可以把我炸出水池，我已经做好去天堂的准备了。"

FBI 把我派到停在国家广场的一辆敞篷旅行车里，我在这里领导 FBI 探员和美国国家公园管理局的警察与沃森谈判，劝他不要自杀，更不要伤害更多的人。

我们到那里后就立刻着手开展工作。

你能想象得到，和一个威胁要摧毁美国首都最美地标的人进行谈判，将会多么紧张。狙击手已经瞄准了沃森，他们已经得到了"绿灯"授权，一旦他做出疯狂举动就可以开枪。

在任何谈判中，特别是像这样紧张的谈判中，你话说得多好并不重要，你能多好地倾听决定了处理的成功与否。要想有说服力地进行对话，向对方提供他们认为合理的选择，前提条件是你要理解"对方"。首先是可见的谈判，其次是隐藏在表面之下的所有事情（黑天鹅居住的秘密谈判空间）。

进入这个隐藏空间常用的方法是，理解对方的世界观，理解他们生命的意义，理解他们的宗教。实际上，挖掘对手的"宗教信仰"（有时候和神有关，但并不总是如此）自然意味着超越谈判桌的限制，来到了对手的生命和情感层面里。

当你理解了对手的世界观，你就能发挥影响。这就是为何我们在和沃森谈话的时候,我会用全部精力去挖掘他到底是个什么样的人,而不是和他理论、劝他投降。

从这一点来看,我们了解到沃森觉得自己依靠他 1200 英亩[1]的烟叶地谋生越来越困难,而他的家族已经依靠这块土地养活了五代人。他遭遇了一场干旱,烟叶产量配额被削减了一半。沃森认为自己已经无力承担种植的成本了,于是决定开车去华盛顿表达自己的立场——他希望得到关注。我们知道了他的要求,也就获得了正面杠杆。

沃森还告诉我们,他是一名越战老兵,他有老兵的原则。这正是你想听到的,这给了你标准杠杆。他告诉我们,他愿意投降,但不是现在。他在 1970 年曾是第 82 空降师的一名士兵,他知道如果自己深陷敌后,援军在 3 天内还没有抵达的话,他可以体面地撤退,但时间未到不能撤退。

现在我们了解了他所遵循的原则,而他关于撤退的说法暗示虽然他声称要去死,但他还是想要活着。你在一场人质谈判中,首先要确定的就是对手对于未来的看法,是否包括他自己的生死问题。沃森已经做出了肯定的回答。

我们利用这条信息(一个负面杠杆,也就是我们可以剥夺他想要的东西:生命)配合使用他想被倾听的正面杠杆展开了工作。我们向沃森强调,他已经制造了全国性的新闻,如果他要让自己的要求得以实现,他必须活下来。

沃森足够聪明,立即明白如果自己死了,就无法得到这个真正的机会。但他还有军队的体面原则约束着他,他的渴望和恐惧产生了一些正面和负面的杠杆,但这些对他一辈子遵循的标准而言,是第二位的。

似乎我们一直要等到第三天,但我怀疑我们不必等这么久。每过去一个小时,气氛就变得更紧张一些。首都遭到了袭击,我们也有理由相信他可能有爆炸物。如果他走错一步,一个痉挛动作就会导致狙击手开枪把他打死。他已经

---

[1] 1 英亩 ≈ 0.004047 平方千米。——译者注

数次狂怒，因此每过一个小时，都让他陷入更深的危险之中，他随时可能被狙击手打死。

但我们完全不能提这件事，我们不能威胁要杀了他，也不指望这样做会有用。原因是"力量的悖论"。顾名思义，我们越用力地去推，就越容易遇到抵抗，这就是为何我们很少使用负面杠杆。

时间不多了，我们要抓紧了。

那该怎样做呢？

接下来发生的事情就是一个完美的例子：深入倾听和理解对手的世界观，能找到改变谈判形势的黑天鹅。沃森并没有直接告诉我们他想要知道的东西，但通过密切关注，我们发现了一个细微的信息可以解释他所说的一切。

事件发生在大约36个小时之后，处理小组的一名FBI探员温妮·米勒找到了我，她负责监听并寻找沃森说话中的细节。

"他是一名虔诚的基督徒，"她告诉我，"告诉他明天是'第三天的黎明'，基督徒相信这一天是耶稣离开坟墓步入天堂的日子。如果耶稣能在'第三天的黎明'走出来，那沃森为什么不行？"

这是聪明地利用了深入倾听得到的信息，通过把沃森的言外之意和他的世界观结合到一起，我们可以向沃森表明我们不仅在听他说，而且听懂了。

如果我们正确理解了他的言外之意，就能让他体面地结束对峙，让他觉得自己是向一个尊重自己和自己的信仰的敌人投降。

把你的要求放到对方做决定的世界观范围内，你就能显示对他们的尊敬，让你获得关注，得到结果。了解对方的宗教信仰比仅仅获得标准杠杆更重要，因为它完整地获取和了解了对方的世界观（在这个案子里就是宗教信仰），并利用这些知识为谈判的进程提供信息支持。

利用对方的宗教信仰在很大程度上能起到极其有效的作用，因为是从上而下控制着他们的力量。对方的"宗教"是指他认为在市场、专业、神和社会领域里与他相关，是他认为公平的东西。人们常常把宗教与权力相关联。

在接下来与沃森的对话中，我们提到了第二天早上就是"第三天黎明"了。电话那头立即陷入了长时间的沉默。我们的谈判中心也异常安静，静得都能听到旁边人的心跳声。

沃森咳嗽了一声。

"我会走出来的。"他说。

他这样做了，结束了一场 48 小时的对峙，把他从可能受到的伤害中解救了出来，也让首都恢复了正常秩序。

我们在他的车里并没有找到爆炸物。

从沃森的故事里，我们可以看到"了解他们的宗教信仰"有多么重要。以下是正确了解宗教的两点提示：

- 回顾你听到的所有信息。你不可能一次就听明白所有信息，所以要再次检查。把你的笔记和同事的进行对比，你经常能发现有助于推动谈判的新信息。
- 找一个额外的监听员，他的唯一工作是在通话时帮着一起监听。他能听到你漏掉的信息。

换句话说，就是倾听，再倾听，多倾听。

现在我们知道了，全面理解对手的"宗教"（一只巨大的黑天鹅）能提供标准杠杆并引导谈判的结果走向。同时，还有其他方法也可以了解对方的"宗教"，从而帮助你获得更好的结果。

相似性原则

社会学家的研究肯定了优秀谈判者已知多年的一个知识：当我们认为对方和我们相似或熟悉时，我们会更相信他们。

人们相信和他们是同类人。归属感是人的本能，如果你能激发这种本能，"哦，我们对世界的看法是一致的"，你就瞬间获得影响力。

当我们的对手摆出他们的态度、信条和想法，甚至是穿着方式时，如果这些因素和我们相似，我们就会倾向于更喜欢和相信他们。哪怕像是同一俱乐部的成员、校友这样肤浅的相似点，也能增加和谐气氛。

这就是为何在许多文化中，谈判者会花大量时间来建立和谐关系，在此之后他们才会考虑出价建议。双方都知道自己搜集的信息能够关键性地影响交易的达成和杠杆的建立。这就像两只狗围成圈，头尾相连地相互追逐。

有一次，我和一位在俄亥俄州的CEO就我们提供咨询服务达成了协议。在整个过程中，相似性原则发挥了主要作用。

对方一直在引用我认为是一种重生基督教的内容。在我们的讨论中，他反复提到是否要把他的顾问请过来，他的顾问让他感到痛苦，他甚至曾经一度说："没有人理解我。"

这时，我开始绞尽脑汁地寻找能表达他核心感受的基督教词汇，然后一个词从我脑海里跳了出来，这是人们在教堂里用的一个词，形容人必须本着诚实、可信和负责任的原则来管理好自己和我们的世界（神的世界）。

"这不就是你的'教堂管理职责'吗？"我说。

他的声音立即提高了。

"是的！你是唯一理解我的人。"他说。

他马上决定采用我们的服务。通过表现我对他深层次思维的相似感受，显示我们拥有共同的价值观，我引导他达成了协议。我和他建立起一种共享的基督教理念的瞬间，我们就走到一起了，不仅因为相似性使然，还因为这种相似性带来了相互理解。

希望和梦想的力量

当你得知谈判对手的宗教信仰，并且能看清他在生活之外还真正需要什么时，你就能把这些当成激励，为他铺就一条道路跟随你前进。

每个工程师、每位管理者，甚至每个孩子，我们所有人都希望自己拥有非凡的能力。孩提时代，我们幻想自己未来能在大场面上独领风骚：成为获得奥斯卡奖的演员；成为打出制胜一球的运动员……当我们长大一些后，我们的父母、老师和朋友更多地会说我们这也不行，那也不应该，很少会说什么是可能的。于是我们开始失去信心。

当有人向你展示我们梦想的愿景，并给出一个目标明确的行动方案时，我们就会改变对于可能性的看法。我们都渴望找到一幅通往快乐天堂的地图，当有人足够勇敢地为我们画出这样一幅地图时，我们自然会紧紧跟随。

因此，当你确信已经得知了对方的梦想目标时，请唤醒你自己的力量，表达出你对他们的目标的热情，为他们鼓劲，鼓舞他们奔向目标。

泰德·莱昂西斯（Ted Leonsis）就十分擅长此术。作为职业篮球队华盛顿奇才队、职业曲棍球队华盛顿首都队的老板，他总会宣扬要在比赛中创造能够向儿孙讲述的不朽时刻。有谁会不愿意和一个将要创造不朽奇迹的人达成协议呢？

宗教是一个原因

研究表明，人们在提出要求时，如果使用通情达理的声调，用"因为"来讲述理由，就更容易得到积极的反馈。

在1970年的一项著名研究中，哈佛大学心理学教授埃伦·兰格（Ellen Langer）和她的同事走到在复印机前排队的人面前，询问他们是否可以插队。有时，她们在提出插队要求时会给出一个理由，有时则不会。她发现结果令人吃惊：如果不给出一个理由，60%的人同意插队；如果给出一个理由，会有90%的人同意插队。至于理由是否站得住脚并不重要（"对不起，我有5页要复印，能不能让我插个队？因为我要复印一下"，这种理由也能起作用）。只要这样说，人们大多能积极配合。

在复印插队这样简单的情况下，愚蠢的理由居然也能管用。在更复杂的情况下，你就更可以通过提出与对方宗教相关的理由，来增强你的影响力。在那个信基督教的CEO同意采购我的服务，但报出一个低价的时候，我可能会回答说："我希望能同意这个价格，但我还要对我的人担负'教堂管理职责'呢。"

这并不疯狂，而是一条线索

拥抱未知并不是我们人类的天性，它会让我们感到恐惧。当我们面对未知时，我们会选择忽略，我们会逃跑，或者我们用远离的方式来表明恐惧。在谈判中，这种标注恐惧最常见的表现就是说出"这太疯狂了"。

也正是因为这个原因，我严厉批评了美国人质谈判中的一些做法——我们不与那些被称为"恐怖分子"的团体谈判。

CNN国家安全分析员、记者彼得·伯根（Peter Bergen）对这种不接触政策的理论依据进行了完美总结:"宗教狂热分子对神圣抱有幻想,和他们谈判一般都没有好结果。"

我们选择的替代方法是不去理解他们的宗教、狂热和幻想,我们不去进行没有好结果的谈判,而是耸耸肩说:"这太疯狂了。"

但这完全搞错了方向,我们必须理解这些东西。我这样说并不是因为我是一个心软的和平主义者(FBI不会雇用这样的人),而是因为我知道理解这些东西是发现对方的弱点和需求,从而获得对他们的影响的最佳方法。除非你和他们对话,否则你永远做不到这一点。

没有人对"这太疯狂了"是免疫的,你在每次谈判中都能听到它,包括父母教育孩子的时候、议会决议讨论的时候,以及公司里讨价还价的时候。

当我们几乎决定并宣布举手投降时,"这太疯狂了"经常是发现扭转局面的黑天鹅的最佳时机。当我们听到或看到什么荒谬的、"疯狂"的东西时,一把金钥匙就已经放在了路中间。请前进,逼着自己进入我们开始不敢进入的领域,或选择走另一条路,一条注定要失败的路,告诉自己谈判无论如何是没有用的。

在哈佛商学院教授迪帕克·马尔霍特拉和马克斯·巴泽曼(Max H. Bazerman)共同撰写的伟大著作《哈佛经典谈判术》(*Negotiation Genius*)中,他们对谈判者错误地指责对手疯狂的情况进行了分析,并指出了其中的普遍原因。我想在这里详细地讲解一下。

第一大错误:他们得到了错误信息

对方经常会根据错误信息采取行动,当人们得到错误信息时,就会做出错误选择。在计算机领域有一个专有名词:无用输入/无用输出(GIGO)。

举个例子，马尔霍特拉曾谈到，他的一名学生与前员工发生了争吵，员工声称在被解雇前已经完成了工作，公司欠他 13 万美元佣金，他就此威胁要进行起诉。

这位管理者迷惑不解，于是去找公司的会计查问，终于发现了问题所在：公司账簿一团糟，这名员工被开除后，仍被列在发工资的名单里。查明清楚后，会计肯定地告诉管理者，实际上这名前员工多拿了公司 25 000 美元。

为了避免法律诉讼，这位管理者给前员工打了电话，解释了他所发现的问题，并提出了一个解决方案：如果前员工放弃诉讼，他可以不退还 25 000 美元。让他吃惊的是，前员工说他还是会去起诉。这名前员工的做法显然是非理性的、疯狂的。

马尔霍特拉告诉他的学生，问题并不在于对方疯狂与否，而在于缺少信息和信任。于是，这位管理者找到了外部审计公司对数字进行了核实，并把结果发给了这名前员工。

结果呢？这名前员工主动放弃了诉讼。

这里的关键点是，人们根据不完整的信息做出的举动，在拥有不同信息的人看来就是疯狂的。你如果在谈判中遇到这样的人，要做的工作是发现他们的未知，给他们提供信息。

第二大错误：他们是受约束的

在任何谈判中，如果你的对手摇摆不定，很可能有些事情他们无法做到，但又不想说出口。这种约束会让心智健全的对手看上去变得不可理喻。他们可能是因为法律意见，或因为已经做过承诺，甚至因为害怕造成先例而无法做某事。

或者他们可能只是没有权力来拍板。

我的一位客户就遇到了最后一种情况。那时，他想把可口可乐作为客户引入自己的市场营销公司。

他和对方谈判了几个月，时间已经拖到了11月。他非常沮丧，如果无法在年底之前完成谈判，就必须等待可口可乐制定新一年的预算，而他将失去这个客户。

问题是，对方突然不对他做任何反馈了。于是我们请他给对方发去一封经典邮件，专门对付这种不做反馈的情况，而这封邮件通常都会起作用："你们是否不打算在今年签约了？"

然后，奇怪的事情发生了。可口可乐的联系人并没有回复这封邮件，那么到底出了什么问题呢？

这种情况非常不正常，对方的联系人一直是一个很直爽的人。我们告诉客户，这种情况只说明一个问题：这个家伙已经放弃了在年内达成协议的可能，但他不想承认，有东西使他受到了约束。

我们得出这个判断之后，又让客户进行了更深的挖掘。经过一系列的电话和邮件，他找到了另一个人，这个人了解协议谈判的方法。他发现我们的判断是对的：那个与协议有关的部门已经陷入内部争吵几个星期了，而参加谈判的人因为内部斗争已经完全失去了影响力。这看起来毫不奇怪，他不愿意承认这个尴尬的事实，这也就是他避而不见的原因。

简单地说，他受到了严重的约束。

第三大错误：他们有其他的利益

让我们回想威廉·格里芬的案子，也就是第一次有人质在时限到来时被杀的案子。

在现场的FBI探员和警方谈判人员根本就不知道，绑匪的主要意图并不是通过谈判收取赎金释放人质，他只是想被警察杀死。如果他们能发掘出他隐藏的目的，也许就能避免那天发生的悲剧。

隐藏的目的并不是像你想象的那样不易被发现，你的对手经常会用和他们利益无关的理由来拒绝你的出价。

比如，一位顾客可能会推迟购买你的产品，这样在发票寄到时，审核已经结束，也就能提高他升职的机会。再如，一名员工可能在项目进行的中途离职，而且是在发奖金之前，因为他了解到同事比他工资更高。对于这名员工而言，公平比工资更重要。

无论具体是怎样的情况，这些人并不是非理性地行动，他们只是根据你不知道的需要和渴望行事，世界在他们眼中符合他们的规则。而你要做的就是将这些黑天鹅曝光。

就如我们所见，当你确认对手并不是失去理性，而是信息错误、受到约束或遵从你所不知道的利益时，那么你能行动的领域就大大地扩展了，这要求你更高效地进行谈判。

争取面谈

如果你不是坐在谈判桌跟前，黑天鹅将非常难以被发现。

无论你做多少研究，除非你面对面坐下来，否则总有一些信息是永远也无法被发现的。

今天，许多年轻人几乎做任何事情都依赖电子邮件，这变成了做事的方法。但通过电子邮件非常难发现黑天鹅，原因很简单，因为即使你用完美的标注和校准问题把对手从他的立场上击落，邮件也会给他们足够充裕的时间来思考和重新找到重心，以避免透露太多信息。

除此之外，邮件不能有语调的效果，无法让你读到对方在反馈中的非语言因素（你还记得"7-38-55"原则吧）。

让我们回到客户的那个例子上，他渴望把可口可乐纳入自己的服务范围，于是希望联系人承认自己不再起作用，并介绍有话语权的人来对接。但那个家伙没有理由这样做，因为他仍然幻想自己是重要的。

于是我告诉我的客户，把联系人约到可口可乐大楼外进行会谈。"你约他吃午餐，你就说'我带你去你最喜欢的牛排店吧，我们就是聚一聚，不谈生意'，这个主意不错吧？"

无论现在的停顿是因为联系人觉得尴尬、不喜欢我的客户，还是不想再谈，唯一能推动进程的办法只有面对面地沟通。

所以我的客户把他约出来吃饭，并保证不谈生意。但实际上不可能不谈，我的客户只是营造了一个面对面的沟通机会。联系人承认他不是谈判的正确人选，承认他的部门已经一片混乱，他必须把谈判转交给其他人才能让交易达成。

他这样做了，这个协议到最后签署花了一年的时间，但他们终于达成了一致。

观察不警觉的时刻

当你有机会和对手面对面时，正式的商业会议、安排好的会面和计划中的谈判都是最难体现真实的一面的，因为这些时候人都是警觉的。

在对方不警觉的时候，更容易抓到黑天鹅，包括午餐时刻（就像我的客户和可口可乐联系人的午餐）、真实交流场合开始之前，或结束之后的短暂休息时间。

在一个典型的商务会议中，在你正式谈生意之前的几分钟里，以及当大家都准备起身离去时的最后几分钟，都是能让你更容易了解对方的时机。因为发言者的信条是不能损害自己，你总是在采访的最开始以及最后得到最好的东西。

同时要在打断谈话、异常交锋或任何打断正常交流的时候注意观察你的对手。当有人打破尊卑等级时，人们的脸面就荡然无存了。这时只要观察谁被打脸以及其他人的语言和非语言反应，你就可以发现一个金矿。

没有意义之时，就是收获的起点

学生经常问我黑天鹅是不是一种特殊的信息或一种帮助。我总是回答他们说："黑天鹅可以是任何你不知道但能造成改变的东西。"

为了说明白，让我来讲一个我的 MBA 学生的故事。他在华盛顿的一家私募股权房地产公司实习，当他面对一名常识上有破绽的人时，他在不经意间发现了一只巨大的黑天鹅，这在我使用标注方法的这些年里几乎从没有见过。

我的学生辛勤地寻找潜在的投资目标，这时公司的一位主要人物要求他研究在南卡罗来纳州查尔斯顿市中心的一处多用途房产。他对查尔斯顿的市场没有经验，于是他给这个房产经纪人打电话询问市场价格。

双方讨论了交易和市场后，我的学生和他的老板认为对方开价 430 万美元偏高了 45 万美元。于是，我的学生给经纪人再次打了电话，讨论价格和下一个步骤。

简单的寒暄之后，经纪人问我的学生怎么看待这个房子。

"看上去是挺有意思的一处地产，"他说，"可惜，我们不知道这个市场的基本情况。我想要市中心和国王大街的地产，但我们还有很多疑问。"

经纪人说他待在这个市场里已经超过 15 年了，所以消息灵通。这时我的学生就使用了包含"如何"和"什么"的校准问题来搜集信息，考察经纪人的能力。

"太好了，"我的学生说，"首先，查尔斯顿市是如何受到经济下行影响的？"

经纪人非常详细地进行了回答，引用了具体例子说明市场还是发展的。在回答过程中，他向我的学生炫耀了自己的知识多么丰富。

"听起来我找到了对的人！"我的学生说，使用标注的方法来建立感同身受，"我的下一个问题是，在这类房屋中，预计资本收益率会是多少？"

通过反复确认，我的学生了解到所有人都期望收益率达到 6% 到 7%，因为这样的房子在当地大学生中很受欢迎，因为学生增多，大约有 60% 的学生需要住在校外。

他也了解到，即使理论上可以在附近买一块地盖同样的房子，价格也会高得让人望而却步。在过去的 5 年里，没有人在这条街上建新楼房，经纪人说类似的房子光建筑费用就会高达 2500 万美元。

"这座楼房维护得不错，特别是和学生们的其他选择相比。"经纪人说。

"似乎这座楼房在功能上看更多的是一个庞大宿舍，而不是传统意义上容纳许多家庭的大楼。"我的学生说，使用标注的方法来搜集更多的信息。

他成功了。

"对，这样既幸运也不幸，"经纪人说，"现在的入住率达到了历史性的 100%，是现金牛，但学生们的行为，也和大学生一样……"

我的学生的头脑里亮起来一盏灯，似乎有些东西听起来很奇怪，既然是这么好的现金牛，为什么会有人出售一栋 100% 入住率、建在富裕城市中不断扩张的学校边上的大楼？无论从哪个角度看，这都是不合理的。我的学生有些迷惑了，在谈判的思考中，他又准备了一个标注问题。他故意错误标注情况，诱使经纪人更正他，从而透露一只黑天鹅。

"如果他要卖这么好的一只现金牛，似乎卖主一定对未来市场的基本情况有所担忧。"他说。

"好吧，"他说，"卖主在亚特兰大和萨凡纳还有一些更棘手的房产，因此他需要先把这处房产卖掉来偿还其他贷款。"

太好了！有了这个信息，我的学生发现了一只神奇的黑天鹅。卖主正在被其他约束条件折磨着，而之前，我的学生完全不知道这个信息。

在经纪人谈论其他房产的时候，我的学生按下了电话的静音键，立即和他的老板讨论了价格策略。他迅速同意给出一个低价建议，一个极端锚定点来探出经纪人的底价。

我的学生询问了经纪人，卖主是否希望尽快达成交易，经纪人做出了"是"的回答，于是我的学生抛出了锚定点。

"我想我们已经了解得够多了，"他说，"我们愿意付340万美元。"

"好的，"经纪人回答说，"这比我们的开价要低许多，但我会把这个价格告诉卖主，看看他怎样想。"

当天晚些时候，经纪人给出了一个反建议。卖主说价格给得太低了，但他还是愿意以370万美元卖掉。我的学生差点从椅子上掉下来，对方的反建议比自己的目标价还要低。但他没有欣然接受这个价格，而是冒险地继续价格谈判，期望获取压倒一切的全胜。我的学生进一步行动了。他没有使用"不"这个字，但表达了否定的意见。

"这个价格和我们预期的更接近了，"他说，"但我们无法很好地安排支付355万美元以上的资金。"（后来，我的学生告诉我，他还应该使用标注或校准问题来推动经纪人自我竞价。我同意他的看法，但他太惊诧于对方给出的低价，愣愣地进入了传统的老式砍价方法。）

"我只被授权把价格讲到360万美元。"经纪人回答说，清楚地表明了他并没有上过任何阿克曼系统的谈判培训课程，不懂得如何使用专业语言来防止砍价。

我的学生的老板示意360万美元可以，他同意这个价格。

我的学生使用了多项谈判术来帮助他的公司有效地谈下了一个完美交易，包括使用标注和校准问题来探知对方所受的约束，最后发现了美丽的黑天鹅。

这也归功于我的学生事先做了大量的功课，准备了标注和问题，在经纪人透露出黑天鹅的时候，他就能立即抓住。

当他得知卖主想从这座房子里套出现金为其他房产还贷时，他就意识到这是一个重要时刻。

当然，任何时候都还有改进的空间。后来我的学生告诉我，他不应该这么快地杀价，而应该借机讨论一下其他的房产，他也许还能从卖方的资产库里找到更多的投资机会。

除此之外，他应该更多地营造感同身受的氛围，用标注和校准问题（比如"你现在觉得哪里的市场比较困难"）来发现更多未知的未知，甚至可能找到机会与卖主直接见面。

无论如何，干得漂亮！

克服恐惧，学会得到生活之外的所求

人们通常害怕冲突，因此他们会规避恐惧之外的有用的争论，他们声调会升高，变成无法自我控制的人身攻击。关系密切的人经常避免自己的兴趣被对方知道，而宽泛地做出保证，以免被认为贪婪或自私。他们把自己封闭起来，变得斤斤计较，然后分道扬镳。我们经常听说夫妻俩并没有争吵，最后却走向离婚的例子。

家庭只是人类从政府到商业所有组织形式中的一个特殊形式。除了个别人，每个人一开始都讨厌谈判。谈判的时候，你的手心会出汗，你的思考会在脑中纠结是战斗还是逃跑。

我们大部分人的第一自然反应是退缩、认输和逃跑。抛出一个极端锚定点的想法太过痛苦，这就是为何在厨房和会议室里，无能者获胜的情况成为常态。

请停下来想一想，我们真的是害怕坐在桌子对面的人吗？我敢向你保证，除了极个别例外，他是不会冲过来揍你的。

不，我们出汗的手心只是心理恐惧的一种表现，而一些触发快乐感的神经元感到烧灼，是因为一些更基础的因素——我们有着与生俱来的、与部落其他成员待在一起的渴望。因此，不是坐在谈判桌对面的那个人吓到了你，而是冲突本身吓到了你。

如果这本书只能达到一个目的，我希望让你克服对冲突的恐惧，激励你用共情来驾驭冲突。如果你想成为一个做什么都能成功的人：一个成功的谈判者、成功的经理、成功的丈夫或妻子，你就必须这样做。你要忽视那个呼吁你放弃的小精灵，阔步前进，和其他让你奔跑和呼喊的小精灵一起前进。

你要去拥抱正常的、深思过的冲突，作为高效谈判的基础，也作为生活的基础。请记住我们全书强调的重点：敌对只是一种形势，而你在冲突中遇到的那个人，才是你的伙伴。

无数研究表明，人与人之间基于目标的诚恳和诚实的冲突，实际上能有助于以合作的方式推进问题解决的进程。技术高超的谈判者是利用冲突的天才，以此维护谈判势头，同时避免陷入人身攻击。

请记住，强力推动你坚信的东西，并不是自私的表现，也不是恃强凌弱，它会帮助到你。你大脑中的杏仁体，是处理恐惧的部分，它想要说服你放弃和逃跑，因为对方是对的，你太残忍了。

但如果你是一个诚实、优雅的人，追寻合理的结果，你就能忽略杏仁体给你带来的这些干扰。

根据这本书里教授的谈判风格，掌控信息，积极寻找最佳解决方案，你就能努力发掘价值和时间。不要用蛮力或羞辱的方式和人谈判。

当你提出校准问题时，是的，你在引导对手向你的目标前进。但是，你也在引导他们检验和说出他们想要的是什么、为什么想要，以及如何达到目标。

你对他们的创造力提出了要求，于是推动他们走向合作性的解决方案。

当我买下红色的丰田 4Runner 汽车之后，我无疑让销售员感到了沮丧，因为我给他的价格是他不喜欢的。但我帮他完成了销售数量任务，毫无疑问的是，我付给经销商的钱比他们付给丰田的要多。如果我一味坚持要得到完全的"胜利"，以达到羞辱对方的目的，那么我就只能去偷一辆车了。

所以，我在本书即将结束的时候给你留下一个要求：无论是在办公室里还是在家庭餐桌旁，都不要回避那些真诚的、清楚的冲突。它将让你得到汽车最好的售价、更高的工资和更多的捐赠；它还将给你带来婚姻、友谊和家庭。

一个人要想成为杰出的谈判者，成为一个伟大的人，只有通过清楚的、有同情心的倾听、诉说才能实现，还要通过有尊严的敬畏方式来对待他人和自己。最重要的是，要诚实地对待你想要什么、你能做什么以及你不能做什么。每一场谈判、每一次对话和生活中的每一个瞬间，都是一系列的小冲突，如果处理得当，就能产生创造性的美。

去拥抱它们吧。

学习要点

我们不知道的东西能扼杀我们和我们的交易，但发现未知可以完全扭转谈判进程，带给我们意想不到的成功。

找到黑天鹅——这些强大的未知的未知情况——本质上是极其困难的，但是，未知的最简单原因是我们不知道该问怎样的问题，因为我们不知道宝藏是什么，所以我们不知道去哪里挖掘。

以下是一些发现并探索黑天鹅的最佳技术。请记住，你的对手可能自己都不知道信息有多重要，甚至不知道自己不该透露这些信息。因此，请持续推进、试探和搜集信息。

- 让你所知的情况引导你前进，但不要遮住你的双眼。每一个案子都是全新的，因此请保持灵活性和适应性。请记住格里芬制造的银行危机：在他之前，没有一个绑匪在时限到来之际杀死人质。

- 黑天鹅是杠杆倍增器。请记住三种类型的杠杆：正面的（能让人得到所求的能力）、负面的（伤害他人的能力）和标准的（用对方的标准来引导他们）。

- 努力理解对方的"宗教"。深入发掘内在世界观，这些世界观意味着谈判桌之外的渐进防线，并渗透到对方生活、情感的方方面面。这就是黑天鹅生活的地方。

- 回顾你从对手那里听到的所有信息。你不会在第一次就听全所有信息，因此请做二次确认。与团队同事核对笔记，安排额外监听者在电话线上收听，他会听到你忽视的信息。

- 探索相似性原则。人们更适应与一个和自己文化相近的人沟通，所以挖掘他们的关注点，向他们显示你和他们的共同立场。

- 当某些人看上去不理智或疯狂的时候，他们很有可能并非真的如此。面对各种情况，寻找可能存在的约束、隐藏的渴望和错误信息，这些都会导致上述现象。

- 和对手面对面。10分钟的面谈常常比许多天的研究更能透露出信息。请特别关注对方在放松警惕的情况下的语言和非语言交流，特别是在谈判开始或结束的时候，以及跑题时说出的话。

致 谢

如果没有我儿子布兰登的帮助,这本书也不会面世。自从我在乔治敦大学教学以来,布兰登就帮助我塑造这本书里的思想。他最开始只是在课堂里给我录像,但也会给我一些反馈,告诉我课程是如何起作用的,以及哪些教学内容是管用的。如果公平地说,布兰登从他两岁的时候就开始和我谈判了。在他高中时,有一次我发现他在副校长身上用共情让自己摆脱了困境,这让我看到了他的谈判潜质。在我与本书的共同作者、睿智的塔尔·拉兹(Tahl Raz)先生第一次会面时,我的儿子布兰登就在那里协助我把信息传递给塔尔,让他好好吸收。在我第一次与幽默的出版商霍利斯·海姆鲍奇(Hollis Heimbouch)开电话会时,霍利斯就问到了布兰登的角色,而当时塔尔的回答是,有布兰登在,就好像有另一个克里斯在房间里一样,布兰登是不可或缺的。

塔尔·拉兹是一个十足的天才,任何人想要写一本商业书籍,没有他的加入都不可能如此成功,就这么简单。我简直无法相信他竟然如此聪明,也震惊于他能这么快就抓住要点,可见他是一名真正的商业写作大师,他是个伟人。

史蒂夫·罗斯(Steve Ross)——我的经纪人,是一个智慧的人,他与这本书完美契合。他有着非常丰富的行业知识,让这本书得以成功出版。我非常荣幸能结识他。

出版商霍利斯·海姆鲍奇令人赞叹!她带领哈珀·柯林斯(Harper

Collins）团队认真工作，她坚信这本书能大卖。谢谢你，霍利斯。

感谢玛雅·史蒂文森（Maya Stevenson）来到了黑天鹅团队与我们并肩战斗。因为你的到来，我们才能走得更远。

希拉·汉和约翰·理查森（John Richardson）也是两位令人赞叹的人。他们铺就的道路让我们真正明白，人质谈判的理念也可以运用到商业世界中。希拉是我在哈佛法学院的老师，她用自己的教学和人格魅力鞭策着我。两年后，她请我一起给她的学生上课。又过了一年，约翰邀请我在哈佛和他一起教授国际商务谈判课程。他引导我一步步前进，后来让我有机会成为乔治敦大学的助教。当我一无所成的时候，约翰和希拉始终陪伴着我，没有你们我就无法取得今天的成就，谢谢你们。

加里·内斯纳是我在 FBI 时的导师，他启发并重塑了人质谈判世界（在他下属的危机谈判小组的团队帮助下）。无论我想做什么，他都会支持我，是他让我成为 FBI 的首席国际人质危机谈判专家。我可能会在清晨 5 点给加里打电话，告诉他我将在 3 个小时后搭飞机处理一个人质绑架事件，而他会说："快去吧。"他对我的支持始终坚定不移，我自己都没有意识到自己是如此幸运。约翰·弗勒德（John Flood）、文斯·达尔方宗（Vince Dalfonzo）、查克·雷吉尼（Chuck Regini）、温妮·米勒（Winnie Miller）、曼妮·苏亚雷斯（Manny Suarez）、丹尼斯·布雷登（Dennis Braiden）、尼尔·珀特尔（Neil Purtell）和史蒂夫·罗马诺（Steve Romano）都是耀眼的明星。我从所有人身上学到了很多：我无法想象查克作为我的搭档，给了我多少帮助；丹尼斯既是我的导师，也是我的好朋友；我总是和文斯针锋相对，但他的天才智慧也让我成长颇多。

还有所有在 FBI 危机事件谈判小组（Critical Incident Negotiation Team）的同事教会了我很多，感谢你们。

汤米·科里金（Tommy Corrigan）和约翰·利果里（John Liguori）是

我在纽约时的兄弟，我们3个人一起做了许多令人难忘的工作，我至今仍能感受到汤米·科里金对我的激励。我很荣幸能成为联合反恐任务小组里的一员，我们一起与邪恶进行英勇的斗争。里奇·德菲利波（Richie DeFilippo）和查理·博杜安（Charlie Beaudoin）是危机谈判小组里杰出的边锋。感谢你们教给我的一切。

纽约警察局人质谈判小组的休·麦高恩（Hugh McGowan）和鲍勃·劳登（Bob Louden）也和我分享他们的智慧，他们在人质危机谈判领域是不可或缺的财富。感谢你们。

德里克·冈特（Derek Gaunt）在华盛顿特区也是一名伟大的人物，德里克不负盛名。谢谢你，德里克。还有凯茜·埃林斯沃思（Kathy Ellingsworth）和她已故的丈夫比尔，多年来一直是我亲密的朋友，这份牢固的友谊会天长地久。我感谢你们的友谊和支持。

汤姆·施特伦茨（Tom Strentz）是FBI人质和危机谈判项目的教父，也是我永远的朋友。我没想到他现在还保留着我的电话。

我在乔治敦大学和南加利福尼亚大学（University of Southern California，USC）的学生们在世界各地不断证明我的思想是管用的。当我看着学生们说"60秒内给我一辆车，否则他死定了"时，不止一个学生停止了呼吸。感谢你们和我一路同行。乔治敦大学和USC是我教学的标志性地点，是值得人们进行高等进修的地方，也是最高学术标准建立的地方，见证了学生的功成名就。

那些被绑架的人质和他们的家属，在他们人生最黑暗的时刻遇到我的帮助，他们是应该被祝福的人。我非常荣幸现在和你们之中的一些人还保持着联系。我并不知道在宇宙中是怎样的一种智慧鼓舞着你们继续前行。我被你们的恩泽保佑着（我得到了我所有需要的帮助）。

附 录
准备一页纸的谈判清单

谈判是一场心理学的探索之旅。我们每次都会建议客户做一个简单的准备练习，通过这个练习，你能在这场探索中获得一定程度的信心。从本质上说，这是一份你可能会使用到的工具清单，比如标注、校准问题等，用于参加某一场具体谈判。

当压力来临时，你不必着急跳脚，只需依赖你已做好的最高水平的准备。

在进入更深层次的练习之前，请注意一点：有些谈判专家会过度迷信准备工作，以至于建议你根据谈判将会发生的情况和协议的具体文字详细地撰写成话术脚本。而现在，当你读完这本书之后，你会知道这是一种愚蠢的做法。这样做不仅让你在谈判桌上变得僵化且没有创造性，还会让你更容易被敏捷和有创造性的对手影响。

根据我公司的经验，我相信一开始花点儿时间做好准备，就能以至少7∶1的比例节省重新谈判或澄清执行计划的时间。

在娱乐行业，他们有一个单独的文件用来归纳总结一个娱乐产品的公开发售情况，他们把它称为"一页纸"。根据同样的理念，我们也想制定谈判所需的"一页纸"的清单，总结我们使用的所有工具。

我把这个清单分为五个简短的部分。

第一部分：目标

设想最好的和最坏的情形，但只把最好情形下的具体目标写下来。

在典型的情况下，谈判专家会让你准备一个单子：你的底线、你真正的所求、你达到目的的路径以及和对手对抗的因素。

但这种典型的准备方式往往是失败的，它是一种狭隘的思考，会把你引向预想的竞价模式中，也就是出价、反出价和折中妥协的模式。换句话说，这种方式想要获得结果，得到的往往是平庸的答案。

传统准备模式的核心也是它的致命弱点所在，是所谓的"达成谈判协议的最佳替代方案"。

罗杰·费希尔和威廉·尤里在他们1981年的畅销书《谈判力》中创造了这个词。从本质上说，如果谈判失败，这是你能得到的最佳结果，你最后的机会。假设你在停车场想卖掉一辆老旧的宝马三系轿车，如果之前已经有一个经销商给你书面写下了1万美元的出价，那这就是你的"达成谈判协议的最佳替代方案"。

问题是，"达成谈判协议的最佳替代方案"会导致谈判者制定一个低的目标。学者研究发现，人类关注复杂事物的持续性是有限的，复杂事物包括令人紧张的谈判场景。所以当一场谈判正在进行时，我们更倾向于把更多的注意力放在对我们而言最重要的东西上。

在这种情况下，沉迷于"达成谈判协议的最佳替代方案"就变成了你的目标，于是给你开口要价制造了人为上限。当你为了"达成谈判协议的最佳替代方案"花费了数小时之后，你精神上会对除此之外的其他东西妥协让步。

谁都知道制定低目标是吸引人的。自我认知在谈判中是一个巨大的因素，许多人通过设定保守目标来保护对自我的认知。因为当你把目标定低了之后，你就更容易宣布自己获得了胜利。这就是为什么许多谈判专家会说人们觉得自己获得了"双赢"的目标，但实际上这只是一种"精神胜利法"。"精神胜利法"的谈判者关注的是自己的底线，他们也就只能止步于此。

如果"达成谈判协议的最佳替代方案"不是你的核心，那么核心应该是什么呢？

我告诉我的客户，作为他们准备工作的一部分，他们需要设想一下极端的结果：最好的和最坏的。如果你能把这两个极端都考虑到了，你也就准备好了应付各种情况。因此，了解自己无法接受什么，同时对最好的结果有想法。但是请记住，因为还无法完全得到对方的信息，最终的结果很有可能比你设想的最好情况还要好。

请记住，永远不要固守自己想要的而不去追求更好的。当你能超越自己已有的设想，保持灵活性的时候，你在谈判中就拥有了获胜的思维。

比如说，你正在出售一台旧音箱，因为你想得到100美元来买一台新的。如果你一味专注于这100美元的最低目标，当你听到你期望的价格时就会觉得满意，但如果你知道在二手商店里这样的旧音箱要卖140美元，你就会把目标的高点设为150美元，给更好的卖价留个机会。

现在，当我指导客户运用最好的和最坏的思维方式来制定谈判架构的时候，建议你最终写到这一页纸上的是你要坚持的最高目标。因为这个最高目标能驱动你的心理能量，让你集中注意力主导你考虑任何低于这个目标的价格，对你而言都是要面对的"损失"。几十年来，对于目标设定的研究清楚地表明，设定了一个具体、有挑战性的实际目标的人，与那些不设定目标只是尽全力的人相比，会取得更好的结果。

底线：期望得到更多（并且据此制定具体目标）的人，能够得到更多。

以下是设定目标的四个步骤：

· 设定一个乐观但合理的目标，给出清楚的描述。
· 把它写下来。
· 与你的同事谈论这个目标（这会让你更难退缩）。
· 拿着这个书面目标参加谈判。

第二部分：总结

总结并把影响谈判方向的一些已知事实写下来。

你在对自己所求的自我评估之外，还会有其他一些你想说的东西。你最好准备好，用策略性的共情来回应对方的争辩。除非对方水平低下，否则对方一定会做好准备，陈述对他们有利的事实。

从一开始就要跟上谈判的形势。

你在有限的范围里进行发挥之前，必须清楚地描述这个舞台的现状：为什么你会来这里？你想要得到什么？对方想要得到什么？为什么？

你必须能用一种对方认可的方式把情况总结出来。如果对方不认可，就说明你做得不对。

第三部分：标注和指控审查

准备使用3~5个标注，用于进行指控审查。

预测一下对方对你总结的这些事实会有什么感觉。把他们可能提出的所有指控详细地列出来，无论这些指控有多么不公和荒谬。然后把每项指控都转化成 5 个以上的标注问题，并花一点儿时间来进行角色扮演的预演。

下面是一些需要填空的标注语句，几乎可以用在任何情形下，帮助你从对手那里获取信息，或消除对方的指控。

- 似乎 _____ 对你十分重要。
- 似乎你不喜欢 _____。
- 似乎你非常看重 _____。
- 似乎 _____ 能让你更容易接受。
- 似乎你对于 _____ 有些勉强。

举个例子，如果你打算和房东重新谈判租房问题，你希望自己有权转租，但房东反对，你就需要准备一些标注语句。比如"似乎你并不喜欢转租"或"似乎你希望承租人保持稳定"。

第四部分：校准问题

准备 3~5 个校准问题来揭示你和对方所珍视的价值，发现并解决掉潜在的协议破坏者。

高效谈判者的目光能超越对方陈述的内容（对方提出的要求），深入他们潜在的动机（是什么让他们提出这样的要求）。动机是他们的关切所在，是他们的希望所在，也是他们垂涎欲滴的目标。

想要找到对方的关切所在听起来很简单，但我们人类在谈判中的期望却是另一回事。大部分人会预设对方的期望与我们不同，我们倾向于狭隘地关注自己的重点和问题，而忘记了对方也有基于他们独特世界观的独特重点。伟大的谈判者能绕开这些局限，好奇地去了解对方真正的动机是什么。

《哈利·波特》（*Harry Potter*）的作者 J. K. 罗琳（J.K.Rowling）曾非常好地总结了这个概念："你必须接受其他人的现实状况。因为现实是可以谈判的，但这只是你所说的现实。你必须接受我们和你一样的真实，你必须承认你并不是上帝。"

下面是一些包含着"什么"和"如何"的问句，几乎可以用在各种场合。

- 我们想要完成什么任务？
- 它是如何显示出价值的？
- 这里的核心问题是什么？
- 它是如何产生影响的？
- 你面对的最大挑战是什么？
- 它是如何与我们的目标保持一致的？

用发现谈判桌之外的破坏者的问句

当执行的依据是承诺时，对承诺的支持就成了关键。你需要仔细调整你的校准问题，发现谈判桌之外的动机，包括：

- 对你团队里的其他人会产生什么影响？
- 不在这次电话会上的人怎样才能参与进来？
- 你的同事认为什么是他们面临的主要挑战？

用发现和打消破坏因素的问句

内部协商的结果经常会对主张保持现状的人有利，改变在他们看来似乎是在说明他们工作没做好。你在谈判中的困难在于如何让他们改变的同时能保留面子。

你可能会因为对方专注于金钱而恼怒，但现在先把这个问题放在一边。在所有谈判中，与金钱无关的谈判内容占据了惊人的高比例。谈判者会更多地关注自我认知、状况、自主权和其他非财务需求。

请想一想他们可能会失去的东西。请不要忘记，对失去的恐惧相比获得的同等诱惑，对谈判者的影响是翻倍的。

比如，谈判桌对面的人可能非常犹豫，不愿安装他所需要的新会计系统（而你是销售这个系统的人），因为他不想在离自己年度考评还有 4 个月的时候惹任何麻烦。这时你不需要降价，而可以提议给他的老板展示，而且要安全地展示，并承诺会在 90 天内完成系统安装，保证完成。

用发掘谈判破坏因素的问句

- 阻碍我们前进的问题是什么？
- 你面对的最大挑战是什么？
- 和我们签协议会影响到其他什么问题吗？
- 如果你什么都不做，会怎么样？
- 你什么都不做对你有什么坏处？
- 如何才能让这个交易与贵公司的所长之处结合起来？

通常情况下，需要连续问 2~3 个这类问题，这些问题非常类似，能帮助对方从不同角度思考同一个问题。

当然，每一种场景都是特殊的，但选择正确的问题能引导你的对手透露他们到底需要什么，同时推动他们从你的角度来看待问题。

当他们回答了你的校准问题后，请准备好继续使用标注的方法。

准备好了标注能让你快速地把对方的回答反问回去，迫使他们不停地向你提供新的、更多的信息。同样，这里也有一些你不假思索就能用上的标注语句。

· 似乎 _____ 是重要的。
· 似乎你觉得我们公司故意想要 _____。
· 似乎你在担心 _____。

第五部分：非金钱的出价

准备一个非金钱内容的清单，这些内容是你的对手所看重的。

请问一下你自己："他们给我什么东西，我就愿意不顾一切地同意？"请回想一下前几章我提到的关于我和律师协会的传奇故事：对方关心的是尽量少付一些培训费给我，以避免被他们的董事会责难。我提出的方法是，让他们做一期封面故事给我，以抵扣部分费用。这对他们而言没什么成本，对我而言却是极大的获益。